나는 회사 밖에서
월급보다
많이 법니다

경제적 자유를 찾은
42인의 N잡 프로젝트

나는 회사 밖에서
월급보다
많이 법니다

방준식 지음

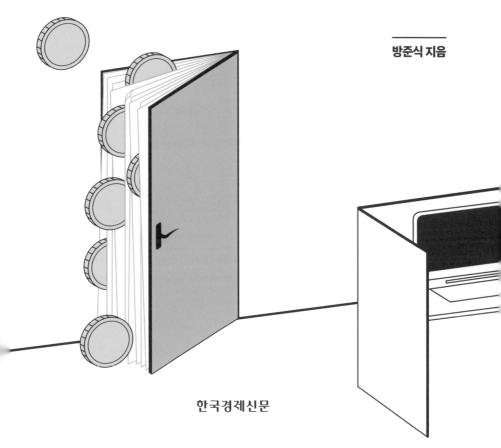

한국경제신문

돈을 버는 법을 모르면, 돈을 잃는다

내 월급 빼고 다 오르는데, 나 혼자만 제자리다. 아니, 오히려 뒤처졌다. 돈을 벌려면 아파트를 사라는데, 이번 생에는 힘들 것 같다. 나도 그렇게 생각했다. 그만큼 서울 집값은 지방에서 상경한 20대 사회 초년생에게 감히 넘볼 수 없는 금액이었다. 무주택 기간 30년을 채워 주택청약에 도전한다 해도 당첨될 확률은 높지 않다고 했다. 어디서부터 시작해야 할지 막막하기만 했다. 서울 아파트를 마련할 가능성이 낮다는 생각이 들자, 빌라로 눈길을 돌렸다. 2012년에 지어진 마포구 연남동에 위치한 빌라였다. 방 세 개에 화장실 두 개를 갖춘 데다 지역에서는 드물게 1세대 1주차가 가능했다. 홍대입구역 3번 출구에서 도보 6분 거리로 접근성이 좋으면서도, 일명 연트럴파크에서 한 블록 떨어진 곳에 있어 소음으로부터 쾌적했다. 주어진 돈은 4년간 억척스럽게 모은 전 재산 8,000만 원. 집값 3억 1,000만 원 중에서 2억 3,000만 원은 대출로 채웠다.

저금리 시기로 이자는 3퍼센트대였지만, 원리금이 함께 빠져나가니 저축과 공과금을 내고 나면 생활이 빠듯했다. '이자만 벌어도 숨통이 트이겠다'는 생각에 남은 방 두 개를 에어비앤비에 올렸다. 집주인과 함께 사는 공간에 누가 머물겠나 싶었지만 예상외로 반응이 좋았다. 밤에 잠을 잘 때도 머리맡에 노트북을 켜놓고, 실시간으로 예약을 받았다. 본업을 통해 익힌 편집과 디자인 실력을 발휘해 숙소까지 오는 지도와 매뉴얼이 담긴 영어 페이지도 만들었다. 주변 맛집과 즐길 거리를 모두 한곳에서 확인할 수 있도록 페이지를 만들었더니, 후기 하나 없는 상태에서 한 달 만에 1년 예약을 전부 채웠다. 이대로라면 금방이라도 부자가 될 것만 같았다.

꿈이 산산조각 나는 데는 오랜 시간이 걸리지 않았다. 본격적으로 시작하기도 전에 규제의 문턱에 걸려버린 것이다. 에어비앤비에 집을 등록하려면 구청 허가를 받아야 하는데, 소방법이나 식품법은 차치하고 주민 동의를 받는 것이 가장 큰 난관이었다. 공동 엘리베이터를 쓰는 모든 입주민에게서 서명을 받아야 했는데, 집주인의 허락을 받아도 세입자들의 승인을 받기가 쉽지 않았다. 낯선 외국인이 드나드는 것이 불안하기도 하고, 공동 엘리베이터를 사용한 만큼 전기세도 더 많이 내야 한다는 말도 나왔다. 결국, 11세대 중 3세대의 동의밖에 얻지 못하고 실패로 돌아갔다. 혼자 사는 집에 세 개의 침대만 덩그러니 남았다. 비록 실패했지만, 큰 손해는 안 봤다는 것은 불행 중 다행이었다. 공부하지 않은 것이 패착이었다. 그때부터 옆자리 동료나 주변 사람들에게 어떻게 돈을 벌었고, 자산을 증식했는지 묻기 시작했다. 그렇게 2023년부터 'N잡의 시대' 기사를 연재하기 시작했고, 60여 명의 N잡러를 만났다.

요즘 사람들이 N잡러가 되는 이유

우선 'N잡'에 대해 스스로 정의할 필요가 있다. N잡이라는 용어가 처음 언론에 등장한 시기는 2017년쯤이다. 과거의 부업이나 투잡 (two job)이라는 용어에서 확장된 의미로, 말 그대로 세 가지 이상의 일을 하는 것을 의미한다. N잡러들이 늘어난 이유는 다음의 네 가지로 분석된다.

첫째, 근무의 형태가 유연해졌다. 2017년부터 국내에 '스타트업'이라는 용어의 사용 빈도가 늘어났다. 벤처라는 말이 어느 순간부터 구식으로 취급받게 됐다. 단순히 용어만 바뀐 게 아닌 근무 형태와 회사를 대하는 직장인들의 생각도 바뀌었다. 과거에는 모두 똑같이 사무실에 출근해 똑같이 퇴근하는 '9 to 6'가 일반적이었다. 이제는 하루 8시간 근무만 하면 10시에 출근해 7시에 퇴근하는 것도 가능해졌다. 코로나를 기점으로 재택근무를 도입한 곳도 늘어났다. 회사에서 정한 시간이 아니라 24시간을 원하는 대로 쪼개면서 살아가는 삶의 형태가 가능해졌다.

둘째, 자아실현과 새로운 도전에 대한 욕구가 강해졌다. 유연해진 근무시간을 이용해 다양한 경력을 쌓고, 자기 계발에 몰두하면서 자아실현과 새로운 도전에 힘을 쏟는 사람이 많아졌다. 본업과 부업의 경계도 모호해졌다. 예를 들어, 주말마다 빵집에서 일하는 회사원이 있다. 과거에는 엄밀하게 구분해 부업이나 아르바이트를 한다고 여겼지만, 최근 젊은 직장인들은 이를 '제빵사로서의 또 다른 삶을 살아간다'고 생각한다. 이른바 '부캐'(부캐릭터의 줄임말로 원래는 인터넷 커뮤니티나 게임의 부계정을 일컫는 단어였으나, 방송이나 미디어 등에서 '실존 인물이 새로운 캐릭터를 연기하는 것'이라는 의미로 쓰이기도 한다)인 셈이다.

하지만 같은 직종이어도 저마다 추구하는 페르소나(persona, 가면 또는 역할)는 다르다. 인터뷰를 하며 만났던 한 임대업자는 자신을 '죽은 공간에 가치를 부여하는 전문가'라고 소개했다. 유료 독서모임을 진행하는 한 호스트는 스스로를 다양한 사람의 생각을 연결해주는 '마인드 커넥터'라고 했다. 24시간도 쪼개 쓰는 N잡러들은 이러한 부캐가 너무 많아, 때로는 무엇이 '본캐'인지 명확히 규정하기 힘들다고 말한다. 회사에서 일하는 자신은 본캐가 아니라고 생각하는 사람들도 있다. 단순히 돈을 버는 것이 아니라, 자신의 관심사나 재능을 살릴 수 있는 자아실현이 이들에게는 더 중요하기 때문이다.

셋째, 다양한 플랫폼의 등장으로 부업에 대한 진입장벽이 낮아졌다. 과거에는 부업이나 아르바이트를 하려면 고정된 시간에 오프라인으로 출퇴근해야만 했다. 급여도 월 단위로 주는 데다 최소 6개월

이상 일할 사람을 뽑는 곳이 많아, 오랫동안 고정된 시간을 지속적으로 내는 것이 불가능했다. 하지만 최근에는 돈을 벌 수 있는 다양한 앱들이 생겨났다. 스마트폰만 켜면 언제든 내가 원하는 시간에 유동적으로 일할 수 있는 '긱 이코노미'(초단기 일자리 경제) 시대다.

돈을 버는 방법과 창구도 다양해졌다. 모임을 주최하는 '소셜링', 실시간 라이브를 통해 물건을 판매하는 '라이브커머스', 공간을 대여하는 '파티룸', 디지털 문구 제작, 구매대행 전문 스마트 스토어, 채팅 형식으로 글을 올리는 '채팅형 웹소설', 인건비를 아끼는 '무인 가게', 전문성을 파는 '온라인 강의', 콘텐츠가 곧 돈이 되는 '블로그'까지 평범한 사람들도 누구나 쉽게 도전할 수 있는 영역으로 창구가 확대되었다.

넷째, 고금리와 물가 인상 때문이다. 2022년 가계 평균 이자 비용이 전년 대비 7퍼센트로 가파른 증가세를 보였다. 소비자물가상승률도 5.1퍼센트에 달했는데, 이는 IMF 외환위기 이후 24년 만에 가장 높은 수치다. 쉽게 말해 내가 갚아야 할 돈과 써야 할 돈은 모두 늘어났는데, 돈의 가치는 떨어졌다는 의미다. 팬데믹 이전의 100만 원과 현재의 100만 원의 가치가 현저히 다르다. 물가상승률이 5퍼센트라는 것은 일반적으로 구매력이 5퍼센트 감소한다는 것을 의미한다. 100만 원을 1년 동안 가만히 들고 있었다면, 복리로 계산했을 때 1년 뒤 실질 가치는 약 95만 2,381원이 된다.

금액이 커질수록 문제가 심각하다. 저 시기에 서울 평균 전세가

인 5억 원짜리 집에서 1년 동안 살았다면, 1년 뒤 5억 원의 실질 가치는 약 4억 7,619만 원이 된다. 액면금액은 5억 원 그대로겠지만, 실제로는 약 2,381만 원의 가치가 줄어들었다.

복리 계산: 5억 원×(1 + 물가상승률)$^{-1}$ = 5억 원×(1 + 0.05)$^{-1}$= 4억 7,619만 원

대출금리까지 오르는 상황이라면 사실상 월세를 내는 것보다도 많은 비용을 지출하고 있는 것이다.

가만히 듣고만 있으면, 돈을 잃는다

물론 이 계산은 일반적인 물가상승률에 기반한 예상치일 뿐이다. 실제 구매력 변화는 소비하는 상품과 서비스의 종류에 따라 다르다. 식료품이나 에너지 가격이 평균 물가상승률보다 더 많이 상승했다면, 실제 구매력 감소는 더 클 수 있다. 1년 후 실제 물가상승률도 돈의 가치 변화에 영향을 미친다. 이런 경제적 상황에서 살아남고자 하는 사람들의 본능적인 발버둥이 N잡으로 나타난 것이다. N잡은 현대인들에게는 경제적 자유를 앞당기는 현실적인 도구 중 하나인 셈이다.

지금까지 만난 N잡러들은 20대부터 50대까지 나이도 사는 곳도

하는 일도 모두 달랐다. 공통점을 하나 뽑자면 '실패를 두려워하지 않았다'는 것. 한 전문가는 인터뷰에서 "인생의 커리어는 정해진 레일을 따라가거나 계단을 오르는 게 아니라, 점을 찍듯 이어지는 것"이라고 말했다. 이제 첫발을 디디며 한 획을 그은 이들도 있고, 자신의 전문성을 기반으로 강연 활동까지 하는 이들도 있다. 그들 대부분은 과거에 좌절했거나 실패한 경험이 있었다. 그것을 어떻게 극복했느냐가 성공의 여부를 결정했다. 나도 20대 때 에어비앤비에 도전하지 않았다면 단기임대와 숙박업, 부동산투자에 대해 전혀 알지 못했을 것이다.

실패하더라도 얻는 것들이 분명히 있다. 그 실패와 작은 성공이 점처럼 모이면 자신만의 밤하늘에 별자리처럼 반짝이게 된다. 이 책은 우리 주위의 평범한 이들이 그리고 있는 별자리를 담아낸 지도다. 독자들도 N잡을 통해 자신만의 별자리를 그려나가길 바란다.

CHAPTER 2
작지만 확실한 소득을 노려라

CHAPTER 3
남다른 기준과 노하우를 쌓아라

CHAPTER 4
부업을 사업으로 확장하라

CHAPTER 5
그 분야에서만큼은 전문가가 돼라

CHAPTER 1

자신의 관심사에서 시작하라

취미로 만들던 디저트로
창업을 위해 퇴사를 감행하다

> 그립 | 박민희 27세 | 월 매출 1,500만 원

> 월 매출 0원에서 1,500만 원이 될 때까지 5개월이 걸렸어요.
> 온라인 MD였던 제 경험이 많은 도움이 됐죠.

박민희 씨는 6년 동안 화장품회사에 다녔다. 제품을 판매하는 온라인 MD였던 그는 실적이 좋아 회사에서도 인정받았다. 유일한 취미는 빵과 쿠키를 만드는 것으로, 맛본 사람들은 누구나 "이 정도면 팔아도 되겠다"고 말할 정도였다. 어쩌면 빈말일 수도 있겠지만, 그 한마디가 용기를 주었다. 다른 사람들의 제품을 판매할 때마다 나만의 제품을 팔아보고 싶다는 생각이 깊어졌다. 그렇게 2022년 8월 물리치료사였던 여동생과 창업을 위해 퇴사를 감행했다.

당연하게도 집에서는 난리가 났다. 자영업자가 되겠다고 자매가

잘 다니던 직장을 한날한시에 관두겠다니, 허락할 부모가 어디 있을까. 게다가 퇴사 직전 6개월간 자매가 모아둔 돈은 딱 1,000만 원. 대로변에 있는 목 좋은 곳에 자리 잡기에는 턱없이 모자란 금액이었다. 자연스럽게 그는 오프라인 매장 대신 자신의 경험을 살려 온라인 유통을 해야겠다고 마음먹었다.

온라인 디저트 전문점으로 방향이 정해지자, 유동 인구나 상권분석은 하지 않아도 됐다. 부동산중개업소를 돌면서 집 근처 10분 거리에 있는 가까운 매물을 찾아 나섰다. 운 좋게도 남양주 대로변에 1층 10평(약 33제곱미터)대 매물을 발견했다. 보증금 500만 원에 월세 50만 원. 그마저도 집주인에게 부탁해 5만 원을 깎았다. 인테리어도 셀프로 했다. 주방 기구는 전부 중고시장에서 발품을 팔아 저렴하게 구매했다. 그저 '망하더라도 작게 망하자'라는 생각뿐이었다.

하지만 처음하는 자영업은 생각처럼 쉽지 않았다. 초기에는 운 좋게 예식장 답례품 의뢰가 들어와 단시간에 100만 원의 매출을 올렸지만, 이후에는 홍보할 방법이 마땅치 않아 매출이 바로 0이 됐다. 재료비와 월세까지 비용이 줄줄 샜다. 적자였다. 이대로는 안 되겠다는 생각이 머릿속을 잠식하고 있을 때, 문득 예전에 화장품을 라이브커머스로 팔았던 경험이 떠올랐다. '빵이라고 안 될 것도 없지!' 마음을 먹자마자 스마트폰을 켰다. 어차피 손해 볼 것도 없었다.

방송 형식에 대한 큰 고민은 없었다. 어떤 이야기든, 어떤 콘텐츠

직장 생활을 할 때는 퇴근이 기다려졌지만,
지금은 퇴근이 없어요.
새벽까지 밤을 새울 때도 많죠.
워라밸이 나빠진 건데도, 이상하게 힘들지는 않아요.

든, 상품이 되는 시대였으니까. 처음에는 스마트폰 카메라 앞에 직접 만든 디저트들을 진열해놓고 무작정 설명했다. '팔지 못하면 방송을 끄지 말자'고 다짐하면서.

첫 방송에 들어온 시청자 수는 100여 명 남짓이었다. 처음에는 스스로 어떤 말을 하는지도 인지하지 못할 정도로 떨렸다. 매출 목표를 20만 원으로 잡았는데, 첫날에만 30만 원의 매출을 올렸다. '이거 되겠다' 싶어서 그 후로 매일 방송을 했다. 초기에는 마진보다 제품의 맛과 브랜드를 알리는 데 중점을 뒀다. 10개를 구매하면 두 개를 더 넣어주는 식의 프로모션도 했다. 매출이 조금씩 늘더니 후기가 달리고 입소문이 나기 시작했다. "이틀 만에 전부 먹고 재구매를 했다"는 리뷰가 눈길을 사로잡았다. 그렇게 6개월 동안 판매한 소금빵이 1만 개, 투자금을 모두 회수하고 순수익이 나기 시작했다.

하지만 매출이 늘자 다른 문제가 생겼다. 소량 제작에 맞춰진 두 사람의 레시피로는 대량생산을 할 때 일정한 맛을 유지하기가 어려웠다. 시행착오를 거쳐 레시피부터 다시 만들었다. 재료비에서 폐기 비용까지 합치면 수백만 원이 들었다. 그럼에도 당일 생산 당일 배송 원칙을 고수했다. 자매가 하루에 만들 수 있는 디저트의 수량에는 한계가 있었다. 소금빵은 하루 100개, 에그타르트도 하루 100개. 주문량이 초과되면 다음 날에 만들어서 배송했다.

초기 사업을 기획할 때는 생각지 못한 부자재 비용도 골칫거리였다. 매출 규모가 커질수록 부자재 비용이 눈덩이처럼 늘어났다. 택배를 한 번 보낼 때마다 아이스팩과 보냉백, 포장용 완충재와 같은 부자재가 4,000원어치 이상 들어갔다. 제품이 망가지는 것을 막기 위해서 비나 눈에 강한 아이스박스를 쓰는 것도 필수였다. 일정 금액 이상의 주문 고객은 판매자가 로켓배송 비용의 전액을 부담하는데, 이러다 보면 월 매출 1,500만 원에서 실제 수익은 30퍼센트 정도가 남았다. 그는 순수익 30퍼센트를 유지하기 위해 노력했다. 그 이상 벌거나 그 이하로 남는 것은 이상적이지 않았다. 이익을 더 남기려 욕심 부리면 자연스럽게 제품의 완성도가 떨어졌기 때문이다. 또한 이익의 일정 부분을 상품 개발에 쏟는 일도 잊지 않았다.

온라인 스토어를 열고 나서는 쉬는 날과 일하는 날의 구분이 사라졌다. 주말에는 업무를 보는 대신 레시피 개발에 열중했다. 스토어의 라이브 시청자 층은 주로 여성으로, 아이들을 위한 건강식 쌀쿠키나, 최근에는 냉동 디저트 제품도 인기가 좋았다. 또 휘낭시에처럼 일을 하거나 커피를 마시면서 한입에 먹을 수 있는 제품도 신경 써서 개발하고 있다. 물론 SNS에 인증샷을 올릴 수 있도록 비주얼에도 많이 신경 쓴다. 가족과 함께 일하면 힘들 거라는 세간의 고정관념에도 그는 아랑곳하지 않는다.

"서로 맡은 분야가 달라요. 동생은 디저트를 만들고 저는 홍보와 택배, CS를 처리하죠. 직장 생활을 할 때는 퇴근이 기다려졌지만, 지금은 퇴근이 없어요. 새벽까지 밤을 새울 때도 많죠. 워라밸이 나빠진 건데도, 이상하게 힘들지는 않아요."

자매의 다음 목표는 오프라인 매장이다. 맘카페나 SNS를 통해 매장 위치가 알려지면서 직접 찾아오는 고객들이 있다. 하지만 일손이 달려 온라인 주문을 소화하기에도 벅차서 빈손으로 고객을 돌려보내기 일쑤였다. 결국 매장을 확장 이전하기로 결심했다. 온라인 스토어는 기회의 공간임이 분명하지만, 부자재 비용이 많이 들고 택배 시간에 맞춰야 하는 애로 사항이 있다. 반면, 오프라인 매장은 매력적인 면이 많지만 계속 직원이 상주해야 하는 단점이 있다.

디저트는 다른 분야에 비해 창업 난이도가 높은 편이다. 처음부터 끝까지 모두 사람의 손을 거치기 때문이다. 경쟁이 치열해지면서 자신만의 레시피가 없으면 소비자의 외면을 받기 쉽고, 유행에 민감해 지속적인 레시피 개발이 필요하다. 소자본으로 자신만의 브랜드를 안착 중인 그는 디저트 창업을 고민하는 사람들에게 이런 조언을 건넸다.

"결국 맛이 가장 중요합니다. 가격이 저렴해도 맛이 없다면 재구매가 일어나지 않아요. 적정가의 제품을 최고로 맛있게 만드는 것이 키포인트라고 생각해요. 사람마다 입맛이 다르잖아요. 최대한 많은 분이 만족할 수 있는 디저트 제품을 만드는 것이 제 목표입니다."

2

남는 시간을 팔아 스타트업 초기 자금을 마련한 IT 개발자

디오 | 임종혁 31세 | 연 수익 1억 원

회사를 나와 저만의 회사를 만들어가고 있습니다.
월급을 주려면 자본금이 계속 필요해 사이드잡 플랫폼 등을 활용해
(개발자로서) 프리랜서 일을 병행하기로 결심했죠.

임종혁 씨는 12년 경력의 잔뼈가 굵은 IT 개발자다. 국내에 아직 스타트업이라는 용어가 보편화되기 전부터 업계에서 일을 시작했다. 토스와 라이너, 스타일쉐어, 29CM 등 일반인들도 알 만한 다양한 기업을 거쳤다. 조직에서도 베테랑 개발자로 인정받고 있었지만, 그의 마음속에서는 내 아이디어를 실현해보고 싶다는 갈망이 사그라들지 않았다. 어느 순간 적지 않은 월급을 받으면서도 이 일을 계속하는 게 맞는지 고민했다. 새로운 도전을 앞두고 두 갈래 길에 선 기분이었다.

그렇게 그는 회사를 그만두었다. 주변에서는 번듯한 일자리를 박차고 나가는 그를 걱정하기도 했지만, 결심을 막지는 못했다. 후련한 기분은 잠깐이었다. 그다음부터는 숨만 쉬어도 돈이 나갔다. 매달 나가는 공과금과 카드 할부, 생활비를 감당하면서 과연 창업 준비를 제대로 할 수 있을지 막막했다.

고민 끝에 남는 시간을 팔기로 했다. 자신이 가진 개발 노하우를 살리면서 다른 팀의 업무를 돕는 외주 활동에 나섰다. 풀타임 근무가 아니었기에 개인 시간은 최대한 아끼면서, 창업 자금을 계속 벌 수 있는 방법이었다. 처음에는 프리랜서 개발자들이 주로 이용하는 채널에 도전했다. 스타트업이 프로젝트 목표를 올리면 개발자가 직접 지원하는 방식이었다. 금액이 큰 프로젝트일수록 경쟁률이 치열했고, 진입장벽도 높았다. 개발자로서 이력이 화려한 그조차 채널에서 활동한 포트폴리오와 후기가 없어 일감을 따내기 힘들었다. 주변 소개를 받아 일을 하는 것에는 한계가 있었다.

구세주가 된 것은 개발자와 스타트업을 마치 '결혼정보회사'처럼 연결해주는 플랫폼이었다. 이 플랫폼은 기존 채널과 달리 협업 경력을 보고 가장 잘 맞을 팀을 매칭했다. 경력이 오래된 오퍼레이터들이 직접 중개를 해서 서로 믿고 일할 수 있는 것도 장점이었다.

그는 매달 자신의 시간을 '구독' 형태로 계약했다. 스타트업과 매칭되면 주당 평균 25시간을 제공하는데, 오전에는 자신의 본업 프로젝트를 하고, 오후나 주말에는 사이드 프로젝트를 했다. 한번에

임종혁 씨가 초기 창업자를 대상으로 강의하고 있는 모습

> **❝**
> 결국 일은 사람 간에 하는 거니까요.
> 비대면 업무에서 중요한 것은 결국 소통이 아닐까요?
> **❞**

여러 스타트업과 계약을 하면 지속적인 수익 창출이 가능했다. 이 방법은 초기 스타트업들에도 원윈이다. 10년 차 현직 개발자를 창업 초기 멤버로 끌어들이거나 정규직으로 채용하는 것은 초기 스타트업들에게는 힘든 일이기 때문이다. 초기 자본금으로 그들의 연봉을 맞추기는 턱없이 부족하지만, 그들의 시간을 구독하면 3분의 1 가격으로 베테랑 개발자를 쓸 수 있다.

그의 개발 노하우는 스타트업들에 주효했다. 앱을 개발하던 스타트업이 수개월 동안 서버 비용에 대해 고민했을 때, 간단한 작업으로 3개월 치 비용을 아껴주기도 했다. 소프트웨어 제품은 어떻게 만들지, 팀 구성은 어떻게 할지, 개발 외적인 조언도 빼놓지 않았다.

하지만 예상치 못한 상황도 발생했다. 원격으로 일을 진행하다 보니 계약할 때 논의되었던 목표와 막상 일을 시작하고 나서 맡은 업무가 다른 상황이 빈번히 발생했다. 예를 들어, A 프로젝트만 하면 되는 줄 알았는데, 어느새 B, C까지 맡아야만 했던 것이다. 그렇게 되면 매주 새로운 목표를 다시 세워야 했다.

결국 비대면 상황에서 가장 중요한 것은 소통이었다. 현재는 첫 미팅 때부터 어떻게 일을 중장기적으로 완수할지에 대해 세밀하게 이야기를 나눈다. 일을 하지 않는 시간에도 메신저는 켜둔다. 결국 일은 사람 간에 하는 것이고, 중요한 건 소통이기 때문이다.

그는 1년간 여섯 팀과 일을 하면서 다양한 연령대의 창업자들을 지켜봤다. 불황기에 투자시장이 얼어붙으면서 스타트업 창업에 도전하는 이들이 급격하게 감소했다. 공동 창업자나 초기 팀원을 찾으려고 해도 기존 직장에서 나오는 것을 두려워하는 게 현실이다. 하지만 오히려 진정성 있고, 기술력에 자신감이 넘치는 '진짜'들만 남았다.

"45세에 첫 창업을 하셨던 분도 있었어요. 기존에 다니던 회사에서 발견한 문제를 해결하기 위해 스타트업을 만드셨다고 했죠. 도전에는 때가 없는 것 같습니다."

얼어붙은 스타트업 투자 시장에서 대세가 된 부트스트래핑

부트스트랩(bootstrap) 또는 부트스트래핑(bootstrapping)은 하드웨어와 소프트웨어를 초기화하고, 운영체제를 로딩하는 과정(부팅)을 일컫는 컴퓨터 용어다. 창업에서는 외부 자본을 유치하지 않고, 자신의 자금이나 노력으로 회사를 창업하고 운영하는 것을 의미한다.

초기 자본이 부족한 스타트업 창업자들은 런웨이(runway)가 짧다. 활주로를 뜻하는 런웨이는 창업시장에서 스타트업이 보유한 현금으로 운영 가능한 기간을 의미한다. 런웨이가 짧은 스타트업은 새로운 투자를 유치하거나 수익을 창출해 런웨이를 연장해야 한다.

> 런웨이(개월) = 현금 보유액(원) / 월간 소진율(원/월)

예를 들어, 한 스타트업의 현금 보유액이 10억 원인데, 월간 소진율은 1억 원이라면 런웨이는 10억 원 / 1억 원(월) = 10개월이다. 현금이 고갈되기까지 10개월이 남았다는 의미다. 런웨이는 스타트업의 생존 가능성을 평가하는 중요한 지표다. 많은 개발 비용이 필요한 창업자들은 직원들의 월급과 투자금을 확보하기 위해 다양한 파트타임잡에 뛰어든다.

이런 이유로 IT 개발자들을 매칭해주는 플랫폼들이 떠오르고 있다. 하지만 플랫폼을 통해 매칭되기 때문에 계약할 때 논의한 목표와 실제로 맡은 업무가 다른 경우가 빈번하다. 대체로 다음과 같은 이유 때문이다.

첫째, 계약 후 목표를 구체적으로 파악하는 과정에서 회사에 더 도움되는 방향으로 재설정하기 때문이다. 예를 들어, 회사 A는 전자상거래 사업을 확장하기를 원했다. 자사의 웹사이트와 연동한 새로운 앱을 출시하는 프로젝트였다. 하지만 개발자가 계약 후에 자세히 살펴보니 이미 앱 디자인과 출시 방법, 백오피스(고객 응대와 유통 관리를 위한 내부 시스템) 설계 등 대부분을 앞선 외주 의뢰를 통해 준비해둔 상태였다. 또다시 큰 비용을 들여 새로운 앱을 기획하는 것은 자원이 한정된 상황에서 낭비로 보였다. 회사가 이루고자 하는 목표를 확실하게 정하고, 불필요한 세부 목표는 우선순위를 나눠 정리했다. 결과적으로는 당초 시간과 비용을 4분의 1가량 절약하는 데 성공했다. 초기 스타트업들은 목표를 판단하는 역량이 부족한 경우가 많다. 알고 있는 만큼만 프로젝트 목표를 서술할 수밖에 없고, 따라서 매칭된 후에는 자연스럽게 목표가 추가되거나 우선순위가 바뀐다. 그러므로 더더욱 시간제 매칭 방식으로 협업 파트너를 찾는 것이 좋다.

둘째, 프로젝트를 진행하는 도중에 자연스럽게 목표가 확장되거나 변경되기 때문이다. 회사 B는 외주 개발자가 사내 구성원들과 협업하며 앱 개발 실무를 해주기를 원했다. 3개월간의 프로젝트 협업 기간이 끝나자, 업체에서 계약을 연장해 제품 개발 업무 방식과 노하우를 팀 내에 가능한 만큼 공유해줄 수 있는지 제안했다. 일종의 '실험 기반의 지속적인 제품 개선 방법'을 습득하기를 원했다. 이는 제품을 출시한 후에도 지속적으로 데이터를 수집하고 분석해, 제품을 개선하는 것을 의미한다. 스타트업은 부족한 자원을 활용해 효과적이고 효율적으로 제품과 서비스를 개선해야 하지만, 이를 잘 체화하고 실행하는 조직은 드물다.

이 단계야말로 베테랑 개발자들의 경험과 노하우가 빛나는 순간이다. 이후 개발자는 앱 개발 대신 업무 프로세스 컨설팅 영역으로 분야를 확장했다. 팀 내 상황을 웬만큼 알고 있었기에 회사가 이전보다 효율적이고 지속가능하도록 업무 방식을 밀도 있게 만들어 안착시켰다. 이는 창업자 입장에서도 개발자와 계약된 기간을 잘 활용한 사례다. 단순히 일반적인 외주 의뢰로 끝이 나는 것이 아니라, 조직과 구성원 모두가 한 단계 성장했기 때문이다.

코로나 이후 일상이 된 파트타임 원격근무

IT 개발자를 위한 매칭 플랫폼뿐 아니라 다양한 매칭 플랫폼이 등장하고 있다. 디자이너나 마케터처럼 특정 직군으로 특화된 서비스가 생겨나는 추세다. 회사와 근무자 사이에 원격 협업에 대한 거부감이나 장벽이 낮아진 결과다. 과거에는 파트타임잡의 경우에도 회사 측에서 1주일에 몇 회 또는 몇 시간 이상 상주하는 것을 요구했지만, 코로나로 인해 원격근무(remote work)처럼 근무 방식이 변화하고 있다. 다음과 같은 장점 덕분에 원격근무는 앞으로 늘어날 것으로 예상된다.

- 시간과 장소의 유연성: 원하는 시간과 장소에서 일한다.
- 출퇴근 시간 절약: 출퇴근 시간을 절약해 개인 시간을 더 확보할 수 있다.
- 비용 절감: 임대료, 전기료, 물품비와 같은 사무실 운영비를 절감한다.
- 환경보호: 출퇴근으로 인한 교통량 감소로 환경보호에 기여한다.

3

부업의 필요성을 절감하다가
빨래방 사장이 된 방송작가

런드리고 | 이작가(닉네임) 45세 | 월 매출 1,000만 원

코로나로 방송작가 일이 5개월 동안 끊겼었어요.
본업을 하지 않을 때도 할 수 있는 일이 필요했어요.
그렇게 무인으로 운영하는 빨래방에 도전했죠.

⌄

그는 24년차 베테랑 방송작가다. 지상파와 종편에서 주로 음악 예능들을 담당했다. 방송작가는 프리랜서다 보니 일과 생활이 규칙적이지 않았다. 그러다 3년 전, 대면으로 예능 촬영이 불가능해지자 순식간에 일감이 뚝 끊겼다. 그 전까지는 그런 생각을 한 적이 없었는데, 갑작스럽게 미래에 대한 불안감이 엄습했다. 40대라는 나이도 불안 요소 중 하나였다. 더는 다른 사람이 나를 찾아 일을 맡길 때까지 기다리지 말고, 혼자서도 지속할 수 있는 일을 찾아야 한다는 생각이 들었다.

그렇게 '어쩌다 사장님'이 됐다. 사실 처음부터 자영업을 생각한 건 아니었다. 계기는 단순했다. 셀프 빨래방에서 드라이클리닝까지 가능하다는 것에 마음이 끌렸다. 24시간 비대면으로 운영이 가능한 점도 매력적이었다. 하루에 두 시간만 관리하면 된다는 얘길 들었을 땐 딱 자신을 위한 업종이라 생각했다. '출퇴근하는 날에는 새벽 시간을 활용하면 되겠구나.' 작가 일을 유지하면서도, 상주하지 않으면서도 가능한 일이었다.

관건은 매장의 위치였는데, 정보를 찾아보니 1인 가구가 최소한 1,000가구가 있는 곳이어야 매출이 안정적이었다. 그는 이불 같은 대형 세탁이 어려운 오피스텔과 빌라가 밀집한 곳들만 집요하게 찾아다녔다. 그렇게 용산과 합정동의 두 곳을 놓고 고민하다 주요 소비층과 상권분석, 유동 인구를 고려해 합정동에 자리 잡았다. 집과 지하철로 여섯 정거장, 차로는 20분이면 갈 수 있다는 것도 고려 사항이었다. 매장 위치가 가까우면 돌발 상황이 생겼을 때 대처가 빠르고, 매일 출퇴근하면서 들러야 하기에 체력도 아낄 수 있다. 매장은 대로변에서 골목 안쪽으로 꺾인 1층에 낙점되었다. 오피스텔 입구 바로 옆이 지하철역 입구와 가까워 거주자뿐 아니라, 출퇴근자까지 유입이 가능할 것이라는 판단이었다.

가장 큰 걸림돌은 비싼 임대료와 초기 투자 비용이었다. 합정동 역세권의 임대료는 큰 부담이었다. 보통 10평(약 33제곱미터) 매장의 경우, 월 임대료의 마지노선은 200만 원 이하로, 그 이상이 되면 점주가 가져가는 이익이 줄어든다. 초기 투자금 대부분은 인테리어와 시설 투자에 쓰였다. 상업용 세탁기나 건조기의 가격이 가정용보다 비쌌기 때문이다. 그는 30킬로그램짜리 세탁기 두 대, 20킬로그램짜리 세 대, 건조기 네 대를 들였고, 한쪽 벽면에는 드라이클리닝 옷을 셀프로 맡길 수 있는 스테이션을 설치했다. 그렇게 상가 보증금 3,000만 원을 포함해 총 1억 5,000만 원을 투자했다.

쉴 틈 없이 오픈 준비를 하던 어느 날, 인테리어 공사가 끝나지도 않았는데 첫 손님이 들어왔다. 그는 속으로 '이러다 대박 나는 거 아니야?'라고 생각했다. 하지만 가게 운영은 생각처럼 호락호락하지 않았다. 하루에 고객이 두 명뿐인 날도, 10명 넘게 다녀가는 날도 있었다. 매달 매출이 들쭉날쭉했다. 그렇게 3개월을 지켜보며 어떻게 하면 고객들의 유입을 늘릴 수 있을지 고민했다. 먼저 20대가 대다수인 주 고객층은 현금을 가져와 동전으로 바꿔야 한다는 사실에 불편함을 느끼는 것 같았다. 바로, 신용카드 단말기를 부착했다.

그리고 매일 점포로 출근했다. 고객들을 직접 만나 세탁기와 건조기 사용법을 알려주고, 무료로 드라이클리닝 시트를 챙겨주기도 하면서 잠재고객을 만들었다. 한쪽 벽면에는 요청 사항을 적는 작은 게시판도 만들었다. "빨래걸이가 있었으면 좋겠다"거나 "의자가 부족하다"라는 글들이 붙었고, 그는 일일이 답변을 달았다. 할 수 있는 일에는 언제까지 하겠다고 답변을 했고, 할 수 없는 일에는 왜 그런지 상세하게 이유를 적었다.

"무인점포이지만, 중요한 것은 소통이었어요."

주변 점주들과도 얼굴을 익혔다. 같은 상가의 미용실에서 머리를 자르면서 인사를 했더니 의도치 않게 수건을 세탁하러 오기도 했다. 헬스장에서는 운동복을 맡기러 왔고, 게스트하우스에서 소개받아 온 외국인 여행객의 방문도 점점 늘었다. 그렇게 6개월이 지나자 매출이 상승세를 탔다.

"한번은 쓰레기통이 차 있는 것을 보고, 미용실 실장님이 비워주기도 했어요. 정말 감사했죠. 결국 사업은 사람과 사람이 하는 것이었어요."

하지만 빛에는 그림자도 있는 법. 매출이 늘자 문제점이 눈에 띄기 시작했다. 무인 빨래방 운영에서 가장 큰 비용을 차지하는 건 수도세와 도시가스비다. 시기에 따라 다르지만 평균적으로 월세만큼 나왔다. 고객이 많아질수록 이 비용은 늘어날 수밖에 없었다. 공공비용이 상승하면서 2년 전보다 비용 지출이 늘었다. 예상치 못한 세탁기 고장도 문제였다. 본사에 연락해서 담당 업체의 애프터서비스(AS)를 받기까지 1주일이 걸리기도 했다. 초기 1년은 AS 비용이 무료지만, 이후에는 비용도 지불해야 한다. 그밖에 고장이 나거나 배수 문제가 생길 수 있어, 앱을 통해 CCTV를 보면서 대처해야 했다. 그렇지만 시간이 쌓일수록 그만의 노하우도 늘어갔다.

"투자한 원금은 3년 만에 전부 회수했어요. 1년에 네 번 부가세를 내는데, AS 비용까지 감안해 매달 50만 원을 빼놓죠. 그래야 예상치

> 무인점포지만 그는 한동안 매일 점포로 출근했다.
> 고객들을 만나 세탁기와 건조기 사용법을 알려주기도 하고,
> 불편한 점을 물어 개선해 나갔다.
> 한쪽 벽면에는 작은 게시판을 만들어 요청 사항을 받았다.

못한 상황이 생겼을 때 대비할 수 있답니다.”

매장이 성공적으로 안착하고 나서는 이틀에 한 번만 매장 청소를 한다. 고객들과 안면을 튼 덕분인지 뒷정리도 잘해놓고 간다. 정돈된 매장을 살필 때마다 그의 만족감은 나날이 커져가고 있다.

“24년간 본업에서 스트레스를 굉장히 많이 받았어요. 일을 잘해야 한다는 압박감과 사람 눈치도 봐야 했죠. 매장에 갈 때면 스트레스가 눈 녹듯 사라져요. 완전히 새로운 곳에서 새로운 내가 되거든요. 초기 비용이 들었지만 10년 이상 수익을 낼 수 있는 비빌 언덕이 됐죠.”

N잡의 꽃,
무인점포 운영의 현실

가장 큰 장점은 인건비 절약

무인점포는 별도 직원이나 아르바이트를 구할 필요가 없다. 사람을 구하는 데 들어가는 시간과 비용 지출이 제로다. 달리 말하면, 매장의 모든 관리와 대처를 오롯이 '사장님' 혼자서 해야 한다는 의미기도 하다. 그만큼 무인점포 운영에는 무한한 책임이 따른다. 게다가 무인점포는 현장 문제를 바로바로 해결하기가 어렵다. 고객들의 불편 사항을 해결하지 못하거나 관리가 소홀하면, 거센 항의를 받기도 한다. 무인점포 운영은 시간적으로 여유롭지만, CCTV로 매장을 꾸준히 체크하고 고객의 불편 사항이나 SNS 반응을 매일 모니터하며 교감하지 않으면 성공을 보장받기 어렵다. 참고로 런드리24는 다른 무인 세탁소와 다르게 고객센터를 운영한다. 고객의 문의 사항이나 불편함에 대해 고객센터가 응대하기 때문에 점주 입장에서는 매우 든든하다.

가장 큰 단점은 비용

시간은 곧 돈이다. 개인이 시간을 들이지 않고 무인점포로 운영하려면 그만큼 비용이 많이 든다. 서울 마포구 역세권에서 무인 빨래방을 내는데 1억 원 이상의 비용이 든다. 수요층의 대부분은 집에서 세탁이 힘든 이불 빨래를 위해 점포를 찾는다. 따라서 세탁기와 건조기도 대용량 제품이 필요하다. 별도 드라이클리닝 스테이션까지 설치하면 다른 매장보다 자본금이 더 들기도 한다. 초기 투자 비용이 부담된다면, 지역과 매장의 규모, 주 고객의 세탁 성향에 맞는 세탁기와 건조기의 용량 및 브랜드(수입, 국산에 따라 가격은 천차만별이다) 등을 조정해야 한다.

최근 떠오르는 이색 무인점포

1. **무인 스튜디오 사진관:** 홍대나 강남과 같은 번화가의 골목을 인생네컷과 같은 즉석 사진 부스 매장들이 점령했다. SNS에 올릴 고품질 프로필 사진에 대한 관심도 높아지며, 무인 스튜디오도 급격하게 늘어나고 있다. 예약부터 사진 촬영까지 전부 셀프로 가능해, 촬영 시 다른 사람의 의식하지 않고 자유롭게 찍을 수 있다는 '편안함'과 적은 비용으로 '고화질'의 사진을 얻을 수 있다는 점이 매력적이다.

2. **무인 테니스장:** 2030세대 사이에서는 골프보다 테니스가 인기다. 테니스 강습 예약하기는 하늘의 별 따기이기 때문에, 온라인 예약 시스템을 통해 편리하게 예약 및 이용할 수 있는 '무인 테니스장'이 각광받고 있다. 무인 시설이기 때문에 정기적인 유지보수 외에 운영자가 큰 품을 들이지 않아도 된다는 것도 장점이다.

3. **무인 회의실과 독서실:** 시청역과 광화문, 강남 일대를 중심으로 대형 무인 회의공간이 생기고 있다. 지방에서 올라온 공무원과 직장인들이 본사와 회의할 공간을 찾는 수요가 커지고 있기 때문이다. 소규모 모임, 스터디 모임, 개인 작업 공간 등 사용 용도도 무궁무진하다. 필요할 때 필요한 시간만큼 사용할 수 있다는 비용 효용성 덕분에 앞으로도 수요는 많아질 예정이다.

세컨드하우스를 통해 부가가치를 창출하다

리브애니웨어 | 김선주 56세 | 월 매출 100만 원

내 집 마련을 위해 밤낮없이 억척스럽게 일했어요.
그렇게 첫 집을 마련하고 나니
로망이 담긴 세컨드하우스에 대한 욕심이 생기더군요.

∨

김선주 씨는 20대에 서울의 작은 출판사에서 일했다. 그곳에서 남편을 만나 결혼했지만, 신혼의 단꿈은 그리 길지 못했다. 사업을 하던 남편이 그만 파산한 것이다. 빚을 갚고 나니 수중에는 원룸 보증금 300만 원뿐. 그것이 부부의 전 재산이었다. 새색시의 봄날은 가고, 캄캄하고 아득한 기나긴 질곡의 시간이 시작됐다.

남편의 손을 잡고 부모님이 계시는 강원도 원주로 내려가 친구와 닭갈비 식당을 열었지만, 오래가지 못했다. 아이를 돌보며 낮에는 일을 하고, 밤에는 자격증을 공부했다. 의약분업이 시작되던 2000

년 초, 워드 1급 자격증을 취득해 약국 전산원으로 일했다. 시간을 쪼개서 방송통신대를 졸업하고 영어유치원 교사가 됐다. 틈틈이 한식조리사 자격증을 공부해 병원의 단체급식 조리원으로 일하다가 간호조무사 자격증을 따서 중소 병원의 수술실에 들어갔다. 주위에서는 이런 그를 보고 억척이라고 했다. 그렇게 50대에 작은 영어유치원의 원장이 됐다.

그가 남들보다 열심히 살 수밖에 없었던 건 작은 소원 때문이었다. 자신만의 집을 갖는 것. 남들 눈에는 초라해 보일지라도 적지 않은 목돈이 모였다. 새벽부터 밤늦게까지 일하다 보니 돈 쓸 일이 없었던 덕분이었다. 그렇게 늦은 나이에 내 집 마련에 성공했다. 작은 불씨는 또 다른 희망이 됐다. 투자에 자신감이 생긴 그는 본격적으로 부동산경매 공부를 시작했다. 그러던 어느 날, 바닷가의 허름한 단독주택을 저렴한 가격에 낙찰받아 셀프 인테리어를 통해 임대업에 도전하는 내용의 유튜브를 보게 됐다. 은퇴를 앞둔 그에게 두 번째 인생에 대한 실마리가 보이는 것 같았다.

때마침 강원도 강릉시 주문진에 위치한 한 아파트에서 일곱 채가 한꺼번에 경매 매물로 나왔다. 그는 기대감에 부풀어 회사에 반차를 내고 부동산 임장을 갔다. 동해가 훤히 보이는 곳에 자리한 한 동짜리 300여 세대 단지였다. 해변과 가까운 데다 층수도 높아서 참 마음에 들었다. 하지만 내 눈에 좋아 보이면 다른 사람 눈에도 좋아 보이는 법. 첫 경매에서 그만 패찰을 하고 말았다. "우리 형편에 무슨 세컨드하우스냐"며 핀잔을 줬던 남편도 태도를 바꿨다. 막상 낙찰에서 실패하니 아쉬움이 컸던 것. 그때부터 남편은 태도를 바꾸어 적극적으로 지원사격을 해줬다.

아쉬운 마음은 쉽사리 지워지지 않았다. 몇 개월이 지나고 휴가를 받은 김에 혹시나 해서 다시 주문진을 찾았다. 그런데 부동산중개소에 일반 매물이 나온 것이 아닌가. 경매로 나왔던 층보다 더 높은 데다 복도 끝 집이라 발코니와 복도에서 모두 영진 해변이 보였다. 그렇게 쉰셋에 두 번째 집을 계약했다. 주택 구입비 4,700만 원에서 절반 정도는 대출로 해결했다.

기다리던 이삿날이 다가왔다. 2021년 8월, 코로나 마스크와 복날의 무더위도 그의 열정을 꺾을 수 없었다. 남편에 아들에 아들 여자친구까지 온 집안 식구들이 총출동했다. 철거부터 인테리어까지 모두 직접 하면서 비용을 아꼈다. 한여름에 일어난 기분 좋은 난리였다.

하지만 모든 일이 내 맘대로 되지는 않는 법. 단장을 마치고 집을 임대하려 했다가 난관에 부딪치고 말았다. 소형 아파트에서 일반 숙박업을 하는 것은 불법이었다. 일은 벌였는데 어떻게 하나. 잠시 고민하다 '단기임대'로 전환하기로 했다. 단기임대는 일반 숙박업처럼 하루이틀 임대하는 방식이 아니라, 6박 이상 장기 거주자를 받는 방식이다. 한 달 살기를 원하는 이들에게 임대하면, 직장 생활을 병행하면서도 청소 관리가 가능하다고 판단했다. 예약부터 계약서 작성, 체크아웃, 정산까지 앱으로 하기 때문에 사람을 마주칠 일이 없는 것도 장점이었다. 그의 가슴은 새로운 도전을 앞두고 설레기 시작했다.

하지만 역시 쉬운 일은 없었다. 꽃집 아가씨는 손에 물이 마를 날이 없다던가. 임대업은 겉으로는 화려해 보이지만, 실제로는 청소업에 가까웠다. 예약이 너무 잘 들어와도 문제였다. 성수기에는 쉬는 날 없이 손님이 들어와 청소할 시간이 빠듯할 때도 많았다. 직장에서 퇴근해 숙소까지 1시간이 넘는 거리를 달려와 자정을 넘기는 경우도 있었다. 반면에 예약이 들어오지 않으면 마음이 심란했다. 공실이 길어질 때면 목표로 삼았던 수익이 반토막 나기도 했다.

심란한 마음이 들 때마다 그는 청소 도구를 집어 들었다. 몸을 쓰면 잡생각이 들지 않는 데다 깔끔한 집은 예약도 더 잘되기 때문이다. 혹시라도 청소가 미흡한 부분이 발견되지 않도록 최선을 다한다. 그러기 위해 체크아웃 후에는 게스트가 사용했든, 사용하지 않았든 무조건 집 안 전체 살림살이를 점검한다. 기름진 음식을 먹고제대로 치우지 않은 채 손님이 체크아웃한 날에는 청소 시간이 배이상 길어지기도 한다. 하지만 몸이 힘들어도 앞으로도 청소는 다른 사람 손에는 맡기지 않을 계획이다. 공간을 꾸미고 정리하는 일이 여전히 즐겁기 때문이다.

그는 숙소를 운영하는 노하우로 '소통'을 꼽았다. 안내 대부분을카톡을 통해 응대하기 때문에 더더욱 말투에 신경을 쓴다. 딱딱한 문구로 자칫 오해가 발생할 수 있는 상황을 막기 위해서다. 게스트를배려하는 세심함도 필수다. 예약이 들어오면 미리 숙소 사진을 보내

소심하고 겁쟁이였던 제가 용기를 내 그간 마음속으로만
바랐던 일을 실행으로 옮겼고, 그게 작지만 유의미한 성과를 냈어요.
앞으로는 제 닉네임처럼 '하고싶은대로' 살고 싶어요.

여행 준비에 도움을 주고, 드라이어나 다리미 같은 부피 있는 생활용품을 숙소에 구비해 게스트가 짐을 가볍게 여행할 수 있도록 배려한다. 깨끗하게 사용하고 돌아간 게스트들에게는 감사 편지와 함께 커피 쿠폰도 보내준다. 작은 보답은 좋은 후기가 되어 돌아온다.

그렇다면 과연 수익은 어떨까. 단기임대로 한 달 예약이 가득 차면 월 100만 원가량의 매출이 생긴다. 예약할 때는 보증금으로 20만 원을 받는다. 전기나 가스, 수도 등 관리비는 게스트가 부담하는데, 하루 6,000원으로 책정된다. 게스트가 체크아웃하면 앱을 통해 관리비를 제외하고 남은 금액을 돌려준다. 처음에는 주 고객층이 20대 여성들이 될 거라고 예상했지만, 20대부터 70대까지 남녀노소 다양한 사람이 이곳을 찾고 있다.

2023년 3월, 그는 55개월간 근무했던 영어유치원을 퇴직했다. 호스트 닉네임인 '하고싶은대로'처럼 앞으로의 삶은 하고 싶은 대로 살 계획이다. 그는 서해와 남해 등 다른 지역에서도 단기임대 사업을 하려고 준비하고 있다. 청소나 관리를 핑계로 전국으로 여행을 떠나는 소소한 즐거움을 느끼면서 인생 2막을 제대로 누려볼 작정이다.

"지나온 삶을 돌이켜보니, 저는 항상 고단함으로 잔뜩 찌그러진 공 같았어요. 소심하고 겁쟁이였던 제가 용기를 내 일을 벌였고, 작지만 유의미한 성과를 냈죠. 지금 저는 세상에서 가장 씩씩하고 당당하게 통통 튀는 공이 된 느낌입니다."

5

고객 창출을 위해 만든 모임에서 사업 파트너를 만난 초짜 사장

문토 | 이재하 28세 | 월 매출 1,400만 원

야심 차게 브런치 바를 열었는데, 홍보가 전혀 안 됐어요.
그래서 함께 음식을 먹으면서 이야기를 나누는 소셜링을 해보기로 했죠.

이재하 씨는 3년간 작은 IT회사에서 영업과 기획 일을 했다. K-직장인답게 매일매일 열심히 일하며 자기 계발에 매진했다. 하지만 자고 일어나면 물가는 치솟는데, 월급에만 기대서는 형편이 나아질 리 없었다. 한 가지 직업만으로는 살아가기 힘들겠다는 생각이 들었다. 그래서 소득을 조금이라도 늘리기 위해 회사를 다니면서 할 수 있는 부업에는 전부 도전했다. 에어비앤비를 통해 남는 방을 게스트하우스로 만들어보고, 카카오톡 이모티콘을 제작해 팔기 위해 디자인을 배우기도 했다. 블로그에 글을 쓰고, 해외직구 제품을 판매하는 스마트 스토어에도 도전했다. 남들이 한다는 것은 다 해봤지만, 수익을 내기가 쉽지 않았다. 그래도 수많은 일을 하며 깨달은 사실이 있다. 사람들을 서로 이어주는 커뮤니티 활동이 적성에 맞는다는 걸. 이 일을 제대로 해보고 싶어 용기를 내 회사에 사표를 던졌다.

그렇게 성수동 뚝도시장 근처에 전통주와 와인을 파는 술집을 열었다. 권리금 1,200만 원에 월세 110만 원짜리 점포였다. 이색적인 분위기를 내기 위해 인테리어에 1,000만 원을 들였다. 이번에는 행운의 여신이 그를 향해 미소 짓는 걸까. 분위기 있는 아지트 공간으로 입소문이 나면서 첫 달 만에 초기 투자 비용을 전부 회수했다. 초보 사장의 어깨가 들썩거렸다. 장사를 통해 자신감을 얻은 그는 1년도 안 돼 2호점 개업에 나섰다.

1호점이 이색적인 공간 디자인으로 입소문이 났다면, 2호점은 음식 맛으로 '진검승부'를 하고 싶었다. 야심 찬 포부와 기대감으로 2022년 10월, 을지로 인쇄골목 안에 작은 브런치 바를 열었다. 1호점 때보다 투자 비용은 더 커졌다. 권리금과 기물 구매에만 약 3,000만 원을 들였다. 저녁 시간대에 술을 마시기 위해 찾았던 1호점 고객들이 낮 시간대에 2호점인 브런치 바로 자연스럽게 유입된다면, 충분히 승산이 있을 것 같았다.

하지만 그건 큰 오산이었다. 오픈하고 한동안은 파리만 날렸다. 을지로 인쇄골목은 원래 낮 시간대 유동 인구가 많지 않았던 데다가, 음식 맛으로만 손님을 모으겠다는 건 순진한 착각이었다. 이 시간대에 손님을 모으려면 그만의 무기가 필요했다.

그는 소셜링에 주목했다. 소셜링은 2030세대에서 떠오르는 일종의 '모임'이다. 공부나 투자, 취미 등 관심사가 비슷한 사람들끼리 모여 서로 교류하는 활동으로, 학교나 직장을 넘어 인간관계를 넓히고 싶어 하는 이들이 주로 소셜링을 찾는다. 최근에 연애 프로그램들이 인기를 끌면서 단체 미팅 방식으로 소셜링이 주목받고 있다. 일반적인 소개팅보다 부담이 적은 데다, 남녀가 일대일이 아니라 사 대 사처럼 인원수가 많아 한번에 다양한 사람을 만날 수 있는 것도 소셜링의 장점이다.

그는 소셜링에 '미식'을 결합하기로 했다. 모임의 콘셉트는 이렇다. 여덟 명의 남녀가 함께 10단계가 넘는 코스 요리를 먹으면서 대화와 게임을 하며 친목을 도모한다. 이때 참가자의 나이는 비밀이며, 자기 자신을 세 가지 키워드로 소개해야 한다. 그는 이 모임을 하루 최대 세 번까지 개최했는데, 초기에는 시행착오가 많았다. 매일 한번에 많은 음식을 만드느라 시간이 빠듯했다. 음식 준비부터 뒷정리까지 꼬박 14시간이 걸렸다. 또 양 조절에 실패해 음식을 남기게 되는 경우도 많았다. 게다가 홀로 요리하고 설거지까지 하느라 체력이 고갈되기 일쑤였다. 하지만 노하우가 점점 쌓이면서 입소문이 나기 시작했다.

모임의 참가비가 4만 원대로 비싼 편인데도 금방 자리가 찼다. 물들어오는데 노를 안 저을 수 있나. 그는 차별화를 위해 음식의 종류와 양을 늘리고, 재미있는 콘텐츠를 고민했다. 돈을 더 쓰더라도 그 시간을 값어치 있게 만들자고 생각했다. 결국 그의 생각은 주효했다. 첫 달에만 400명이 그의 가게를 찾았고, 4개월 만에 약 1,500명의 손님이 다녀갔다. 1년 만에 300회가 넘게 열릴 정도로 모임은 스테디셀러가 됐다. 플랫폼 모임을 통한 매출은 월평균 1,400만 원 정도로, 전체 매출에서 큰 비중을 차지한다.

처음에는 단순히 고객을 만들기 위해 시작한 모임에서 새로운 인연들도 만났다. 마케팅과 브랜딩 전문가를 만나 조언을 듣고, 1호점인 성수동 와인 바는 카페로 업종을 전환했다. 커피 전문가에게서는 SNS 마케팅을 배웠다. 단순히 스쳐가는 고객이 아니라 사업 파트너를 얻은 것이다. 쉽게만 생각했던 자영업이 그렇지 않다는 것도 다시 한번 깨달았다. 의욕만 앞서 겁 없이 도전에 나섰던 그는 이제 좀 더 신중해졌다. 그래서일까. 그가 전하는 마지막 조언도 신중함에 대한 당부였다. 경험에서 우러나온 그의 말에 귀 기울여보자.

"처음에는 단순히 장사해서 성공하는 것이 목표였어요. 그런데 매달 400명씩 나이와 직업, 성격이 다른 사람들을 만나면서 저도 변했죠. 회사를 그만두기 전에 와인 바와 카페 창업을 준비하면서 많은 사장님을 만나 조언을 구했어요. 꼭 사장님이 아니더라도 다양한 사람의 관점을 들어본 후에 성공할 수 있겠다는 확신이 들면 도전하기를 추천합니다."

처음에는 고객을 만들기 위해 시작했던 모임이었지만,
매달 400명씩 나이와 직업, 성격이 다른 사람을 만나면서 저도 변했어요.
다양한 관점을 듣다 보니 나아가야 할 방향도 보이기 시작했죠.

6

하루 100분, 출퇴근 시간을 활용해 웹소설 작가가 되다

브런치 | 권도연 41세 | 총 수익 1억 원(출판 인세 및 판권 계약 등)

인간관계로 인해 직장에서 스트레스를 많이 받았어요.
의사의 조언으로 마음속에 응어리진 것을 글로 쓰기 시작했죠.

⌄

권도연 씨는 국회 여의도연구원(정당 정책 연구소)에서 일하는 평범한 직장인이다. 12년간 정치인 보좌관들과 보수적인 조직에서 일을 하다 보니 업무 스트레스로 인해 불면증이 심해졌다. 더는 못 버틸 것 같아 찾았던 신경과에서 의사 선생님이 말했다.

"자신의 속이야기를 말로 풀어낼 수 없다면, 글로 써보는 것은 어때요?"

그의 인생이 바뀌는 순간이었다. 출퇴근 지하철에서 시간을 때우기 위해 멍하니 보던 유튜브나 SNS를 닫고, 스마트폰 메모장을 켜기 시작했다. 그렇게 집에서 여의도 국회의사당까지 지하철로 오가는 하루 100분을 창작의 시간으로 활용했다.

완벽주의자였던 그는 글을 잘 써야 한다는 강박에 시달렸다. 의지와는 다르게, 문장은 어딘가 낯설고 무언가 빠진 것처럼 한없이 부족해 보였다. 이 글을 누군가가 볼까 봐 부끄러웠다. 결과물을 공개하는 것은 마치 헐벗은 채 거리 한복판에 내동댕이쳐지는 기분이었다. 자기검열이 계속되자 간단한 문장조차 쓰기 힘들었다.

그래서 마음을 내려놓고 SNS에 아주 짧은, 날 것의 느낌 그대로를 적기 시작했다. 하루이틀이 지나자 점차 문장이 길어지고 그럴듯해졌다. 그렇게 매일 자신의 삶과 직장인의 고뇌를 담아냈다. 책이나 기사를 보고 인상 깊은 문장은 사진을 찍어놓거나 필사하거나 저장해 글감의 아이디어로 삼았다. 자신감이 생기자 자신의 문장 안에서 뛰어노는 가상의 인물도 그려 넣었다. 자신의 성격과 똑 닮은 MBTI를 가진 'I형(내향형) 팀장'이었다.

직장에서 억울한 평가를 받았던 일, 인간관계에서 받은 오해와 상처들을 덤덤하게 써 내려갔다. 그의 글은 평범한 직장인의 속죄이자 반성, 한풀이였다. 단순히 자신만의 일기로 끝나는 것을 넘어 점점 바깥세상의 이야기를 담기 시작했다. 어느 조직에서나 일어날 수 있는 MZ세대와의 갈등, 쉬쉬하고 넘어갔던 직장 내 괴롭힘, 민감할 수 있는 탈코르셋, 가볍게 웃고 넘어갈 수 있는 MBTI, 내밀한 속이야기를 담은 정신과 상담 등이 주제였다.

웹소설의 연재 반응은 뜨거웠다. "웹드라마 같아요", "출근길에 위로를 받았어요" 같은 댓글들이 줄을 이었다. 시리즈가 길어지면서 출판사에서 책으로 내자는 제안까지 받았다. '과연 내 책을 돈 주고 살 사람이 있을까?'라는 생각이 들자 자신이 없어졌다. 전문성이 부족해 보이진 않을지, 타인의 시선에서 하나의 결과물로 인정받을 수 있을지 걱정도 됐다. 그의 책은 리더십 분야로 분류가 돼 방송에 나온 전문가나 기업에서 강의하는 컨설팅 대표, 대기업을 퇴직한 임원 출신이 쓴 글들과 경쟁해야 했기 때문이다. 하지만 마음을 다잡았다. 이론은 교수나 임원보다 부족할지 모르지만, 사회에서 겪은 경험과 노하우는 차고 넘친다고!

출판 과정에서 우여곡절도 있었다. 그가 택한 방법은 기획·편집·제작·마케팅 등 출판의 모든 과정을 출판사가 맡아 진행하는 기획출판 방식이었다. 이 방식은 작가가 원고에만 집중할 수 있다는 장점이 있다. 인세는 표준계약서에 따라 10퍼센트를 받는다. 단점은 원고 외에 작가의 결정 권한이 많지 않다는 점이다. 책의 제목과 표지 디자인에는 전적으로 출판사의 입김이 들어간다. 그는 사실 책 제목으로 '팀장도 일하기 싫어!'처럼 가벼운 제목이나 당시 유행했던 '출근하기 싫은 너에게' 등을 제안했지만, 칼같이 거절당했다. 그렇게 해서 나온 결과물이 《I형 인간의 팀장생활》이었다. 그는 자신의 글로 위로받았다는 후기를 볼 때마다 책 쓰길 참 잘했다는 생각을 했다.

권도연 씨는 출퇴근 지하철에서 메모장을 열어 글감들을 정리했다.

> **"**
> 누구나 작가가 될 수 있는 시대다.
> 하지만 누구나 작가가 되는 것은 아니다.
> 가장 큰 장벽은 자기 자신이다.
> **"**

"우리는 자신을 월급쟁이라며 비하하지만, 온갖 진상을 견디고 매일의 지옥을 견디는 직장인이야말로 이 시대의 진정한 위너가 아닐까요."

영상 제작 판권 문의도 잇달아 들어왔다. 전업 작가라도 책의 인세 수입만으로는 생활이 불가능하다. 책을 원작으로 만든 드라마나 영화 등 2차 저작물에 대한 수익까지 노려야 하는 시대다. 통상적으로 신인 작가의 영상화 판권 계약은 5,000만 원에서 1억 원 수준으로 이뤄지고 있다.

누구나 작가가 될 수 있는 시대다. 누구나 플랫폼에 글을 올릴 수 있으며, 취미로 글 쓰는 이들도 늘고 있다. 등단이라는 단어가 어느새 사어(死語)가 되어버렸다. 하지만 누구나 작가가 되는 것은 아니다. 가장 큰 장벽은 바로 자기 자신이다. 그는 '책을 내고 싶은데 책 쓸 시간이 없어'라는 말은 핑계라고 단언했다.

"퇴근하고 나면 피곤하고 힘들어서 아무것도 하고 싶지 않잖아요. 하지만 아무 일도 하지 않으면 아무 일도 일어나지 않는다는 사실을 기억해야 합니다. 직장에서 기분이 나빴다고 그 기분 그대로 하루를 망치지 마세요. 나를 구원할 사람은 나뿐입니다. 자신을 스트레스 안에 내버려두지 마세요. 내가 나를 버리면 누가 주워 가겠어요."

책을 출간하는 다섯 가지 방법

1. 투고: 출판사에 직접 쓴 원고와 출간기획서를 함께 낸다.

2. 자비출판: 개인이 출판 전문업체에 돈을 지불하고 책을 낸다.

3. POD출판: 제작사에 원고를 맡겨놓은 후 주문이 들어오면 소량으로 찍어 낸다.

4. 독립출판: 출판의 전 과정을 혼자 한다.

5. 기획출판: 작가는 글만 쓰고, 편집·제본·마케팅을 출판사에서 모두 맡는다.

7

이야기를 쓰느라 시간 가는 줄 몰랐다는 여고생 작가

채티 | 간지롱 19세 | 2년 연재 후 3,000만 원 정산

드라마를 볼 때마다 늘 뒷이야기를 상상했어요.
머릿속으로 혼자 생각만 하다 취미로 글을 쓰게 됐죠.

그는 공상을 좋아하던 평범한 10대 여고생이었다. 넷플릭스에서 드라마를 볼 때면 어느새 비련의 여주인공이 되곤 했다. 화면에서 등장하지 않는 뒷이야기를 상상하며 이런 스토리로 전개되면 더욱 재미있겠다고 혼자서 생각했다. 매일 머릿속으로 상상의 나래를 펼치다가 이럴 바엔 직접 글을 쓰는 게 낫겠다는 생각이 들었다.

글을 쓰겠다는 결심은 했지만 어느 플랫폼을 이용할지 고민스러웠다. 웹소설 플랫폼은 많았지만, 또래에게 어필하고 자신에게도 유용한 새로운 방식을 찾고 싶었다. 그래서 일반적인 소설체의 웹소

설 대신 마치 카카오톡 채팅을 읽는 방식으로 글을 쓰는 플랫폼을 선택했다. 대화로만 내용을 전개해 초보자라도 쉽게 도전할 수 있을 것 같았다. 그렇게 2020년 초부터 연재를 시작했다.

단순히 취미로 쓴 초기 작품부터 반응이 뜨거웠다. 로맨스 웹소설《세계 1위 기업 사장으로 살아남기》였다. 이 한 작품에 무려 4억 탭이 넘는 조회수가 찍혔고, 9,000개 가까이 댓글이 달렸다. 단편으로 시작했지만, 점차 그의 이야기를 좋아하는 팬들이 생기면서 장편 연재를 하게 됐다.

매일 이야기를 쓰느라 시간 가는 줄 몰랐다. 학교에서 돌아오면 매일 플랫폼에 들어가 3시간 이상 글을 썼다. 한 회차를 연재하기 위해서는 꼬박 이틀의 시간이 필요했다. 어떤 일을 하더라도 그의 머릿속은 항상 연재 생각으로 가득 찼다. 아이디어가 떠오르면 스마트폰 메모장을 켜서 대략적인 시놉시스를 기록했다. 글을 쓸 때는 특히 인물의 대사에 공을 들였는데, 채팅형 웹소설의 특성상 대사의 맛이 가장 중요했기 때문이다.

하지만 팬이 늘고 인지도가 생기자, 그만큼 부담도 커졌다. 언제부턴가 일상은 연재에 맞춰서 돌아갔다. 쉬는 시간이나 여행을 떠나 글을 쓰지 않을 때조차 늘 다음 회차의 이야기를 머릿속에 그려나갔다. 어떻게 하면 더 흥미진진하게 이야기를 설계할지 고민하는 시간이 길어질수록 스트레스가 점점 커졌다.

그러다 한순간에 글쓰기가 싫어졌다. 슬럼프가 온 것이다. 스스로 정한 마감 날짜를 지나 휴재 기간이 길어졌다. 결말을 짓지 못하고 연재를 포기하기도 했다. 그는 슬럼프의 벽을 뛰어넘기 위해 자신과 대화하는 시간을 갖기로 했다. '무엇을 위해 글을 쓰는지', '왜 글을 쓰는지'에 대해 스스로 자문했다. 그러다 얻은 결론은 글을 쓰지 않으면 행복하지 않다는 것. 글이 써지지 않을 때는 자신을 책망하기보다는 그냥 노래를 들었다. 그렇게 점점 자신만의 루틴을 만들면서 슬럼프에서 빠져나왔다.

그의 작품 중에서도 가장 인기를 끈 건 《더 무너져 봐, 나한테》다. 역시 로맨스 장르인 이 웹소설은 한 회차에 최고 1억 탭의 조회수가 찍힐 만큼 인기를 끌었다. 전체 조회수는 40억 탭이 넘고, 댓글이 14만 개가 달렸다. 아슬아슬한 감정선에 자극적인 요소를 적절히 가미한 점이 흥행 요인이었다. 이 작품으로 연재 2년 만에 드디어 첫 수입이 들어왔다. 연재를 통해 들어온 수입은 3,000만 원 정도로, 10대의 나이에 생각지도 못 한 금액이었다.

그는 이제 어엿한 성인이 됐다. 최근에는 웹소설 《실험체 1120》을 출간하기도 했다. 10대의 패기로 시작한 취미는 삶을 지탱하는 일부이자 원동력으로 남았다. 그리고 작가라는 그의 꿈은 여전히 현재진행형이다.

"취미로 썼던 글이 이제는 제 삶의 일부가 됐어요. 앞으로 또 다른 도전과 경험을 하면서 더욱 성장해나가고 싶어요. 여러분 모두 도전이라는 단어를 무서워하지 않았으면 좋겠습니다."

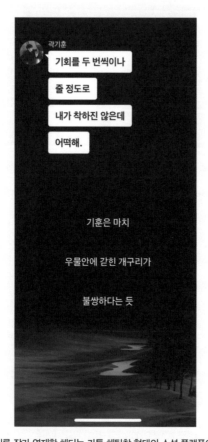

간지롱 작가 연재한 채티는 카톡 채팅창 형태의 소설 플랫폼이다.

8

그가 모두가 선망하던 '카카오'를 그만두고 소셜링에 뛰어든 이유

문토 | 그레이 36세 | 월 300만 원대

카카오 계열사를 다니다 사표를 던졌어요.
제가 삶에서 보람을 찾았던 때는
사람들의 모임 안에서였다는 걸 깨달았죠.

∨

그레이는 카카오 라이브커머스 계열사에서 판매자 정책을 만들고 관리하는 일을 하던 평범한 20대 직장인이었다. 이전에는 쿠팡과 블랭크 등 IT기업에서 일했다. 누군가에게는 꿈의 직장이었지만, 어느 순간 그는 번아웃에 시달렸다. 모든 업무가 비대면으로 이뤄지다 보니 사람과의 관계에 대한 갈증도 생겼다. 아침부터 밤늦게까지 근무가 이어지던 어느 날, 한 물음이 머릿속을 잠식했다. '이것이 정말 내가 원하는 일이었을까?' 그렇게 자신의 속마음에 귀 기울였다.

우선, 자신이 가장 관심 있는 것이 무엇인지 생각했다. 그는 '사람'에서 답을 찾았다. 그리고 학창 시절부터 모임을 만들고 이끌어 나가는 일에서 기쁨과 보람을 느꼈다는 사실을 깨달았다. 생각의 종착점은 소셜링이었다. 처음부터 모임을 통해 수익을 낼 수 있을 거라고는 생각하지 않았다. 그저 자신처럼 직장 생활에 염증 난 사람들이 함께 모이기만 해도 재밌겠다 싶었다. 그는 큰 고민 없이 소셜 플랫폼에 글을 올렸다.

> **오늘 퇴근 후 저녁 7시에 역 근처 카페에서 모일 사람? (0/10명)**

하지만 반응이 미적지근했다. 그는 다시 2030세대들의 관심을 끌 만한 주제가 무엇일까 고민했다. 바로 소개팅이었다. 데이팅 앱과 같은 일회성의 가벼운 만남이 아니라, 실제 대면 만남을 통해 연인을 찾고 싶어 하는 사람들이 주위에 많다는 사실을 공략했다. 단순히 짝을 맞춰 진행하는 일반적인 미팅이 아니라 그만의 재미 요소를 가미했다. 그렇게 시작한 첫 모임의 제목이 '첫인상 끝판왕'이었다.

첫인상 끝판왕은 서로의 첫인상에 대해 이야기하는 콘텐츠다. 이성 일곱 명이 '외모', '연애', '직업', '성적 매력', '내 소개팅 상대라면'이라는 다섯 개 키워드로 200여 개의 질문을 한다. 3시간의 대화를 통해 남이 보는 나를 객관적으로 파악하는 게 이 콘텐츠의 목적

이다. 입소문이 나기 시작한 것은 3개월 차부터였다. 그의 재치 넘치는 입담과 차별화된 진행 방식에, 모임 신청을 대기하는 사람들만 수십 명이 될 정도였다. 이 모임은 2년 만에 100회까지 진행되면서 초보자에게 '입문용 소셜링'으로 손꼽혔다.

이후에는 육류 미식회 '나이스 투 밑(meat) 츄', 007 미션을 하며 이성 친구를 찾는 '오늘의 시그널 친구', 퇴근 후 각자 음식을 가져와 포틀럭 파티를 여는 '낭만이란 배를 타고' 등 다양한 주제로 모임을 확장해나갔다. 스타트업에서 근무했던 경험을 십분 발휘했다. 매주 신규 프로젝트를 기획하고 운영한다고 생각하면서 모임의 콘셉트와 시스템을 잡았다.

성공적인 소셜링을 위해 그는 자신의 관심사를 다른 사람들과 어떤 방식으로 나눌지에 초점을 맞췄다. 가격도 중요한 요인이었다. 참가자가 부담을 느끼지 않으면서도 수익을 가져올 수 있는 적정 구간을 찾기 위해 노력했다.

소셜링 3년 차에 접어든 그는 이제 1주일에 3일을 일하면서 본업에서 벌었던 것만큼 매달 꾸준히 수익을 내고 있다. 이를 유지하기 위해 무엇보다 신경 쓰는 건 체력 관리다. 모임은 보통 금 · 토 · 일 저녁에 시작해 새벽 늦게 끝나는데, 참가자 20여 명을 이끌면서 4~5시간 동안 분위기를 주도하는 데는 생각보다 많은 에너지가 필요하다. 하루에 모임 두 개를 운영하는 날에는 다음 날까지 피로가 풀리지 않기도 한다. 그래서 모임이 없는 날이면 헬스장에서 2~3시간씩 운동을 한다. 평일 오후에는 다른 크리에이터들과 새로운 콘텐츠를 기획한다. 최근 들어 자신이 만든 모임을 유사하게 따라 하는 곳들이 많아졌기 때문이다.

그는 작은 성공에 만족하지 않고, 인생의 다음 프로젝트를 준비하고 있다. 바로 게스트하우스다. 어려서부터 아버지의 영향으로 해외여행을 자주 다니면서 자신만의 관심사가 담긴 특별한 게스트하우스를 열고 싶다는 꿈을 꿔왔다. 머지않아 현실이 될 그날을 떠올리며, 오늘도 '현재'에 최선을 다한다.

"모임 참가자로 알게 된 한 분도 서핑, 스키, 캠핑 등 액티비티 호스트에 도전을 했습니다. 매주 입금되는 참가비가 꼭 용돈받는 기분이라고 해요. 요즘에는 다들 'N잡이다', '파이프라인을 만든다' 관심이 많잖아요. 본인이 가장 잘할 수 있는 걸 활용해, 작은 모임부터 가볍게 시작해보면 어떨까요?"

소셜링 초보자라면
무엇부터 시작할까?

1. 니즈를 파악하면 아이디어가 나온다

모임을 열다 보면, 참여자들의 이야기와 행동을 분석하면서 기획의 힌트를 얻을 때가 있다. 그레이는 소셜링 초창기에 참여자들이 어색함을 깨기 위해 서로 "저 몇 살처럼 보여요?"라고 묻는 것에 주목했다. MBTI가 유행하는 것처럼, 사람들은 자기 자신에 대해 관심이 많고, 동시에 다른 사람이 바라보는 내 모습에도 관심이 많다. 이를 바탕으로 모임 콘셉트를 확장했더니 '부캐 만들기'와 '첫인상 끝판왕'이 탄생했다. 이처럼 니즈를 잘 파악하는 것이 소셜링 성공의 비결이다.

2. 소통을 통해 개선점을 찾는다

소셜링의 장점은 무자본으로 가볍게 시작해 빠른 수익 창출이 가능하다는 점이다. 또한 빠르게 성장하는 분야라는 점에서 이미 레드오션인 시장보다 기회가 훨씬 많다. 하지만 어떤 분야든 성공하는 사람은 소수다. 참여자들을 모으고 성공적으로 지속하기 위해선 피드백을 받아 개선하는 역량이 중요하다. 모임이 끝난 후에는 꼭 좋았던 부분과 아쉬웠던 부분에 대해 질문하고, 개선할 점을 찾는다. 이를 발전시키다 보면 자연스럽게 인기 소셜링으로 입소문이 난다.

3. 2030이 관심 가지는 모든 것이 주제다

모임의 주제를 정하지 못해 망설인다면, 소개팅을 나간다고 생각해보자. 음식, 여행, 액티비티 등 어렵지 않게 주제를 떠올릴 수 있다. 가장 핫한 주제는 연애 이야기다. 사람들은 본질적으로 다른 사람이 사는 모습을 궁금해하고, 나와 취향이 맞는 사람들끼리 모이기를 원한다. 이를 바탕으로 기획된 콘텐츠가 타인에 대한 궁금함을 물어보는 '또 나만 진심이야?'(찐친 만들기)다. 이 밖에도 여행을 좋아하는 이들을 위한 '그레이×하우스'나 누군가의 챙김을 받는 '마니또 미팅'도 있다. 무엇이든 주제가 될 수 있다는 점은 소셜링 비즈니스가 매력적인 이유다.

4. 호스트는 유재석이 아니다. 말이 너무 많으면 실패!

소셜링에서 가장 중요한 것은 진행자보다 참여자다. 참여자가 좋으면 80퍼센트는 성공했다고 본다. 이미 플랫폼을 통해 공통된 취향과 관심사를 바탕으로 모집된 데다 매너 점수를 통해 필터링되기 때문에 기본적으로 좋은 사람들이 모일 확률이 높다. 호스트는 과도하게 모임을 주도하기보다는 주제만 던져주고, 참여자들끼리 대화하고 공감하는 시간을 만드는 데 더 집중한다. 호스트의 역할은 소외되는 사람 없이 참여자 모두 모임에 빠져서 행복감을 느끼도록 분위기를 조성하는 일이다.

5. 쓸데없이 인테리어에 돈 쓰지 말아라

소셜링의 장점 중 하나는 공간에 의존하지 않는 것이다. 물론 공간이 주는 힘이 있겠지만, 공간이 모임 신청률에 큰 영향을 미치지 않는다. 공간보다는 '호스트의 신뢰도'와 '모임 목적에 맞는 공통된 취향의 참여자'가 중요한 요소다. 그중에서 호스트의 신뢰도는 가장 중요하다. 모임이라고 아무나 올 수 있는 것은 아니며, 참여자들을 모집할 때 호스트가 일일이 승인해야만 참여할 수 있다. 공간은 모든 사람이 한눈에 잘 보이는 트인 곳, 대중교통으로 이동하기 편한 곳이면 전부 가능하다. 초기 자본금 없이 카페에서 시작할 수도 있고, 소수 인원이 모이기에 대관비도 들지 않는다. 모객이 안 되면 폐강도 가능해 예상치 못한 비용이 발생하는 일도 없다.

6. 소셜링 모임은 기업형으로 변하는 중이다

최근 소셜링 트렌드가 기업형으로 다각화되고 있다. 과거에는 개인 혼자서 아이디어를 내고 진행했다면, 이제는 팀으로 운영하는 방식이 늘고 있다. 참여자 규모도 예전에는 한 모임에 15명 정도였지만, 이제는 60명까지 늘어났다. 마치 유튜브 초기처럼 콘텐츠가 기업화되어 막대한 수익을 올리는 것과 비슷한 양상이며, 이는 시장이 점점 커지고 있다는 방증이기도 하다. 참여자 입장에서도 즐길 기획이 늘고 있다는 점에서 긍정적이다.

7. 색다른 협업에서 색다른 기획이 나온다

소셜링은 나만의 콘텐츠로 서로의 관계를 행복하게 이어주는 서비스업이다. 기획이 특화되고, 신선할수록 새로움에 목마른 사람들을 끌어모으기 쉽다. 요즘은 다른 분야와의 협업으로 색다른 기획을 선보이는 소셜링 콘텐츠가 등장하고 있다. 한 예로, 셰프들과 손잡고 출시한 '소셜 다이닝'이 있다. 소셜 다이닝은 매주 새로운 요리를 선보이고 서로의 꿈에 관해 이야기하는 모임으로, 벌써 20회차 이상 진행되며 인기몰이 중이다.

9

잘나가던 카페를 접고
워라밸을 찾아 게스트하우스를 열다

에어비앤비 | 강은정 38세

하루에 2시간씩 자면서 제주에서 카페를 운영했어요.
통장에 돈이 수억 원이 쌓였지만 전혀 행복하지 않았죠.

제주 토박이였던 강은정 씨는 서른 살에 고향에서 디저트 카페를
열었다. 입소문이 나자 잠잘 시간도 없을 정도로 손님이 밀려들었
다. 주변에서는 "돈을 벌어서 좋겠다"고 했지만 그 말에 어색한 웃
음만 지었다. 통장에는 돈이 쌓였지만, 아이러니하게도 몸과 마음은
지쳐갔다. 5년 동안 매일 2시간씩 자면서 쿠키를 구워냈다. 끼니는
거르거나 김밥 두 줄이 하루 식사의 전부였다. 남들은 부러워하는
제주 카페라는 로망을 실현했지만, 정작 자신은 그 로망을 누릴 시
간도, 내 삶을 돌볼 여유도 부족했다. 당연하게도 해외여행은 꿈도

못 꿨다. 행복하지 않고 사는 게 무의미하게 느껴졌다. 이대로는 안 되겠다는 생각이 들어 모든 것을 정리했다.

욕심은 줄이고 자신만의 시간을 찾으러 나섰다. 늦었지만 이제라도 제주를 누리기 위해, 가장 제주스러운 곳을 찾아 헤맸다. 그가 정착한 곳은 제주 서귀포시 예례동. 현대식 건물 하나 없지만 논짓물 해변 등 자연 풍광이 무척 좋은 곳이었다. 외지인에게 아직 덜 알려졌는지, 고즈넉하고 조용한 게 마음에 들었다. 문득, 자신처럼 다른 사람들에게도 제주만의 감성을 소개하면 좋겠다는 생각이 스쳤다. 그래서 게스트하우스를 열기로 결심했다.

2021년 오픈한 '스테이 정의'는 이렇게 시작됐다. 게스트하우스의 이름은 이곳의 풍광만큼이나 따사로운 마음씨를 지녔던 그의 할머니 이름에서 따왔다. 게스트하우스를 만들면서 옆에 작은 카페 공간도 마련했다. 두 공간이 따로 또 같이 시너지를 낼 수 있겠다는 생각에서였다.

지난번의 과오를 반복하지 않기로 했다. 돈보다는 일과 삶의 균형, 즉 워라밸을 가장 중요한 원칙으로 삼았다. 그러기 위해서는 하루하루 정해진 루틴이 필요했다. 어떤 바쁜 일이 있더라도 오전 10시 출근, 오후 7시 퇴근을 목표로 정했다. 일하는 시간을 줄인 만큼, 체계적인 스케줄 관리가 필요했다. 오전에는 카페에서 일하고, 오전 11시 퇴실 시간에 맞춰 청소와 소독을 하면 오후 3시가 된다. 게스트가 체크인을 하는 시간인 오후 4시까지는 눈코 뜰 새 없이 일이

열심히 일한 사람들이 이제는 자신을 위해 살았으면 좋겠어요.
그건 저 자신에게 하는 말이기도 해요.
제주는 심심해도 자연과 더불어
자신만의 시간을 보낼 수 있는 곳이라 안성맞춤이지요.

몰아친다. 땅도 넓어서 잡초도 매일 뽑아야 하고 정원에 물도 줘야 한다. 카페에 게스트하우스까지 운영하면서 일이 배는 늘었다.

일이 늘어난 만큼 직원을 늘렸다. 혼자서 모든 일을 해야만 직성이 풀리는 완벽주의 성격을 내려놓고 일을 분담했다. 카페 두 명, 청소 두 명, 예약 관리 한 명, 총 다섯 명을 뽑았다. 욕심을 줄이니 그만큼 자신만의 시간이 생겼다. 직원들 월급을 빼더라도 웬만한 직장인만큼 벌고 있다.

숙박업 초창기에는 애로 사항도 있었다. 잘하려는 마음이 너무 컸던 걸까. 손님들에게 스콘을 구워서 서비스하고, 친근함을 주려고 볼 때마다 인사말을 건넸다. 그런데 오히려 역효과가 났다. 호스트가 너무 자주 보이니 불편하다는 후기가 올라왔다. 머무는 이들에게도 자신만의 시간이 중요했던 것이다. 그 이후로 안내 사항은 모두 문자로 하고, 체크인할 때를 제외하고는 최대한 손님들의 동선과 겹치지 않도록 한다.

그의 집을 찾는 단골들이 늘어난 것도 그즈음이었다. 래퍼 개리의 가족도 들를 정도로 유명해졌다. 개리는 그가 SNS에 올린 사진들을 보고 남들에게 알려지지 않은 '숨겨진 해변'을 묻기도 했고, 식당을 추천받기도 했다. 어릴적 리쌍의 팬이었던 그로서는 매우 신기한 경험이었다. 나중에는 부인이 이 동네가 무척 마음에 든다며 게스트하우스를 한 번 더 방문하기도 했다.

게스트하우스를 열고, 그는 비로소 자신만의 제주스러운 인생을 찾았다. 그처럼 제2의 인생을 꿈꾸는 이들에게 그가 남긴 말은 무엇이었을까.

"열심히 일한 사람들이 이제는 자신을 위해 살았으면 좋겠어요. 제주는 도시에서 살았던 사람들에게는 심심해도, 자신만의 시간 속에서 자연과 더불어 살 수 있는 곳이에요."

CHAPTER 2

작지만 확실한
소득을 노려라

고물집도 누군가에게는 보물!
어쩌다 호스트로 활동 중인 미술 선생님

리브애니웨어 | 수현(닉네임) 49세 | 월 매출 200만 원

남편이 유튜브만 보고 대책 없이 시골집을 샀어요.
주말 농장으로 쓰려 했지만, 빈집 신세가 돼버렸어요.

그는 초등학교에서 방과 후 미술 선생님으로 근무하고 있다. 1999년 현역 군인인 남편과 결혼했는데, 철마다 발령이 나면 전국으로 짐을 싸서 떠돌아야 했다. 그렇게 24년간 이사만 13번을 다녔다. 그마저 5년 동안은 주말부부로 떨어져 지냈다. 누군가는 조상님의 은덕이라며 우스갯소리를 했지만, 그는 부부만의 집이 간절했다. 그러다 2019년 남편이 육군본부가 있는 충청남도 계룡시로 발령이 나면서 드디어 바라던 집을 가지게 될 것 같았다.

하지만 부부라고 마음이 같지는 않았다. 남편의 꿈은 주말마다 텃밭 농사를 지을 수 있는 시골집을 사서 한적하게 지내는 것이었다. 당시에는 지나가는 소리겠지, 별 신경을 쓰지 않았지만 곧이어 일이 터졌다. 남편이 부동산 매물을 소개해주는 유튜버의 말만 듣고 덜컥 시골집을 사겠다고 한 것이다. 한바탕 난리가 났다.

"도대체 시골에서 뭘 하려고 그래요. 그 낡은 집을 어떻게 고치고, 또 대출이랑 관리는 누가 하나요?"

그는 통사정하며 반대했지만, 남편의 고집을 꺾지는 못했다. 그렇게 충청남도 부여군 초촌면 송정리에 1973년 지어진 시골집을 계약했다. "당신 나이와 똑같은 집을 선물로 가져왔소"라고 우스갯소리를 하는 남편이 정말 꼴도 보기 싫었다.

시골집이라고 해서 결코 싸지 않았다. 집을 포함해 대지 180평(약 595제곱미터)의 가격만 9,000만 원이 들었다. 오래된 시골집들은 밭에 지은 경우가 많아 형질 변경도 필요했다. 측량비와 세금 등으로 다시 1,000만 원이 들었다. 50년 가까이 묵은 집은 성한 곳이 없었다. 사람으로 따지면 곳곳이 중병에 걸린 것처럼 썩고 부서진 곳이 많았다. 집수리 견적이 6,000만 원이 나왔다. 외딴집에 1억 6,000만 원라니… 남편이 야속하기만 했다.

가장 큰 문제는 축사였다. 시골집을 살 때는 축사, 철탑, 묘지 등 혐오시설을 피해야 한다. 제대로 된 답사 없이 "여기 정말 좋다, 무조건 사시라"는 유튜버의 말만 믿고 계약을 한 것이 화근이었다. 당시 남편은 '서까래가 있는 전통집' 외에는 다른 부분이 눈에 들어오지도 않았다고 했다. 계약한 시기가 겨울철이라 냄새가 잘 나지 않았던 이유도 있었다. 다행히 지금은 축사가 사라졌지만, 처음 1년 동안은 여름철 악취 때문에 무척 마음고생이 심했다.

차근차근 문제들을 풀어나가다 보니 하나둘씩 제자리가 잡혔다. 주말마다 농사를 지으며 이제 생활이 안정돼간다 싶던 차에 다시 변수가 생겼다. 남편이 경기도로 발령받은 게 아닌가. 골칫덩이 집이 빈집 신세가 될 판이었다. 시골집은 특성상 한 달만 비워놔도 집 상태가 엉망이 된다. 사람이 살고 안 살고의 차이가 크다. 한겨울에는 수도가 동파되고, 한여름에 비가 많이 내리면 축대가 무너지기도 한다. 게다가 이미 거금이 들어간 터라 뭐라도 해야만 했다.

그렇게 어쩌다 한 달 살기 호스트에 도전했다. 처음에는 단기숙박 앱을 사용하는 데 익숙지 않았지만, SNS에 글을 올린다는 생각으로 천천히 도전했다. 미리 찍어둔 사진을 올리고 숙박 매물을 등록했다. 나중에는 이 과정이 채 1시간도 걸리지 않았다. 이런 시골까지 올 사람이 있을까 반신반의하면서 숙박 앱을 보던 순간, '띵동' 예약 알림이 울렸다.

그의 첫 게스트는 20대 여성이었다. 혼자서 이 먼 곳까지 어떻게 올 생각을 했는지 물었더니, "어린 시절 시골에 살아서 오랜만에 향수를 느끼고 싶었다"고 했다. 고물 같은 시골집도, 누군가의 눈에는 추억을 떠올리는 보물이 될 수 있겠구나 생각했다. 첫 게스트와의 대화에서 영감을 얻어 그는 숙소의 콘셉트를 '시골집에 대한 로망'

애물단지였던 시골집도,
누군가에게는 추억을 떠올리는 보물이 될 수 있겠구나 생각했어요.
그렇게 생각을 바꾸니 아이디어가 떠올랐어요.

으로 잡았다. 장작을 팰 수 있는 공간도 만들고, 밤에는 별을 보면서 화톳불을 피울 수 있게 했다. 주말 농장으로 쓰려고 만들었던 텃밭도 게스트에게 개방했다. 이곳에 묵는 게스트는 텃밭에서 키운 채소를 따 먹을 수 있다. 또 비가 올 때면 서까래에서 떨어지는 빗소리를 들으며 따뜻한 꽃잎 차를 마시면서 휴식할 수 있다. 도시에서는 꿈도 못 꾸는, 시골에서만 가능한 콘텐츠를 내세우니 사람들이 몰렸다.

물론 난관도 있었다. 가장 큰 문제는 청소였다. 시골이다 보니 외주로 맡길 수도 없었다. 숙소가 지저분하면 힐링을 위해 먼 길을 온 이들의 기분이 상할까 싶어 청소에 공을 들였다. 특히 주방이나 화장실, 침대는 더더욱 신경을 쓴다. 게스트가 들어오지 않는 날에는 더 바쁘다. 잔디를 깎고, 꽃과 나무를 심고, 텃밭을 일구고 그림을 전시해놓는다. 일반 숙박업처럼 단기 이용자들이 없어 시간적으로 조금 여유로운 편이긴 하지만, 청소까지 하며 여자 혼자 꾸려나가기에는 벅찬 면이 있다. 그래서 남편이 전역한 후에는 부부가 함께 운영할 계획이다.

동네 주민들도 부부의 시골집이 동네의 보물이 됐다며 반겼다. 아무도 오가지 않아 밤이면 컴컴했던 동네가 활기를 찾았기 때문이다. 부부가 팔을 걷고 축사, 쓰레기 처리, 빈집 처리 문제를 개선한 결과다. 면장이 직접 찾아와 집 한 채로 동네 전체가 훤해졌다고 감사를 전했다. 동네 주민들은 든든한 지원군이 됐다. 게스트들의 사소한 불편 사항은 어르신들이 나서서 해결해준다. 공실 없이 예약이 전부 차면 월 매출은 200만 원 정도가 나온다. 그냥 빈집으로 놀렸다면 얻지 못했을 고마운 수익이다.

다시 시골집을 산다면 어떤 매물을 고르겠냐고 묻자 그는 고개를 절레절레 저었다. 최근에는 부동산 유튜브 채널이 많아져 직접 발품을 팔지 않고도 전국의 매물들을 볼 수 있다. 하지만 실제로 거주하는 문제는 전혀 다르다. 최소한 그 지역에서 1년을 살아보고 구매를 결정하는 게 현명하다. 한번 매매하면 수십 년을 살아야 하는데, 계절이 한 번 바뀌는 것을 경험하는 게 좋다. 시간적으로 거주가 어렵다면 한 달에 한 번씩 놀러 가는 것도 좋다. 동네 환경을 살펴보고, 동네 사람들 성향을 파악하며, 다른 매물도 확인해본다. 그러면 안 보이던 것들이 보인다. 그 시간에 점찍어둔 매물이 나갈 수도 있지만, 다른 기회는 얼마든지 오기 마련이다.

유튜버의 말만 믿고 덜컥 구매한 시골집이 결과적으로는 그의 삶에 전화위복이 됐다. 그러나 전화위복의 계기로 만든 건, 한 사람의 작은 취향도 놓치지 않고 보듬은 그의 안목이었다.

"만약 또다시 집을 산다면 가격이 오르지 않거나 떨어지면, 그냥 그곳에 살면 된다는 마음으로 집을 사겠어요. 정붙이고 살면 전국 어디든 좋지 않은 곳이 있겠어요. 시골집이든 빈집이든 어떻게든 활용할 방법은 있습니다."

디자인만 올려두면
매달 따박따박 월세처럼 수익이!

마플샵 | 신상훈 36세 | 월 매출 1,000만 원(성수기 기준)

디자이너로 일하다가 번아웃이 왔어요.
사표를 내는 대신, 제 디자인이 통할지 실험해보기로 했죠.

신상훈 씨는 10년 차 베테랑 디자이너다. 산업디자인과를 졸업해 마케팅과 전시기획 쪽에서 일을 했다. 2016년부터는 YG 엔터테인먼트에서 연예인들의 굿즈 상품을, 2019년에는 샌드박스네트워크에서 유튜버들의 굿즈 상품을 디자인했다. 디자이너로서 승승장구하면서 조직에서도 인정받던 그는 어느 날 피로감에 휩싸였다. 아무리 좋아하는 일을 해도 직업이 되니 스트레스가 심해졌다. 최종 디자인을 확정받기까지 '컨펌 지옥'에 시달렸다. 소속 연예인과 유튜버의 사건 사고가 터지는 날에는 공들여 만든 상품을 전부 폐기하기 일쑤였다.

'사람이 주인공인 일은 그만하고 싶어!'

그의 마음속은 이미 비명을 지르고 있었다. 하지만 곧바로 사표를 내지는 않았다. 그는 한강대교도 두드려보고 건너는 안정 지향적인 성격의 소유자였다. 성급하게 독립하기에는 월급 없는 삶이 걱정되고 두려웠다. 우선 자신의 오리지널 디자인이 실제로 팔릴지 테스트했다. 그의 제품은 주로 연예인과 유튜버의 굿즈였다. 자신의 디자인이 좋아 잘 팔리는지, 단순히 유명세로 인한 것인지 가늠이 안 됐다. 그는 디자인으로만 승부하고 싶었다. 그렇게 직장과 병행하는 4년간의 N잡 프로젝트 여정이 시작됐다.

그는 자신의 브랜드 정체성으로 동물을 내세웠다. 고양이를 키우는 집사이기도 했고, 동물을 워낙 좋아하기도 했다. 동물은 호불호가 심하지 않아 상품화했을 때 리스크가 적을 것이라고 예상했다. 그는 동물에 자신이 좋아하는 7080 록음악 디자인을 결합했고, 그 결과물을 꾸준하게 SNS에 올렸다. 처음부터 돈을 벌려고 시작한 것은 아니었다. 일종의 스트레스 해소 창구였다.

디자인 콘셉트가 잡히자 본격적으로 판매에 나섰다. 그는 '프린트 온 디맨드'(Print On Demand, POD)로 상품을 판매하는 온라인 굿즈 사이트에 자신의 디자인을 올렸다. POD는 주문이 들어오면 제작해 판매하는 방식으로, 플랫폼은 무지 티셔츠를 구비해놓았다가 디자이너가 업로드한 시안의 주문이 들어오면 즉시 제작해서 판매한다. 이 방식은 제작부터 배송, 고객서비스(CS)까지 플랫폼이 전부 도맡아 하기 때문에 디자이너가 재고를 걱정할 필요가 없다. 스마트폰 케이스는 기종이 워낙 다양해 재고가 많이 쌓이는데, 티셔츠는 색상도 단순하고 사이즈도 규격화돼 POD 방식이 효율적이다. 디자인만 올려놓고 홍보 마케팅만 잘한다면 지속해서 수익이 나는 구조다.

그의 마음은 금세 희망으로 부풀었다. 이제 직장을 나와도 매달 연금처럼 따박따박 수익 정산을 받을 수 있을 터였다. 하지만 희망은 곧바로 물거품처럼 사라졌다. 지인들이 한두 개씩 사주는 것을 제외하면 제품이 전혀 팔리지 않았던 것이다. 취미로 시작했다곤 하지만 반응이 너무 없으니 불안감마저 들었다.

그때 엔터테인먼트에서 제품을 기획하던 방식이 떠올랐다. 기획사에서는 아티스트의 앨범이 나오면 신곡 콘셉트에 맞춰 굿즈를 만든다. 그 경험을 자신의 동물들에게도 적용했다. 처음에는 동물이 등장하는 동요 콘셉트를 가져왔다. 그러다 인터넷에서 유행하는 각종 밈(Meme)을 응용했더니 조금씩 반응이 오기 시작했다. 가장 인기가 높았던 제품은 MBTI 관련 상품이었다. 16가지 성격과 그에 어울리는 동물을 시안으로 내놓았더니 단체 우정 티셔츠나 여행용 가족 티셔츠로 인기가 높았다. 가장 많이 팔린 상품은 '너 T야?'라는 문구가 적힌 티셔츠였다. 트렌드를 파악해 아이디어를 얻고 빠르게 디자인을 내놓았더니 SNS를 통해 입소문이 퍼졌다. 그의 브랜

"

사람이 주인공인 일은 그만하고 싶어!
그런 생각에 좋아하는 동물과
7080 록음악 디자인을 결합하는 시도를 했어요.
거기에 인터넷에서 유행하는 각종 밈을 응용했더니
반응이 폭발적이었어요.

"

드를 따라 만든 유사 제품도 나오기 시작했다.

어느 순간 매달 고정적인 수익이 들어오기 시작했다. 제품 가격은 2~3만 원으로 일반 브랜드 티셔츠보다 저렴한 편이지만, 판매 금액의 20~30퍼센트가 디자인 수익으로 들어왔다. 성수기인 여름과 신제품 출시에 맞춰 SNS에 소액으로 광고도 진행했다. 한창 유행을 타던 시기에는 월 매출로 1,000만 원 단위의 돈이 들어왔다. 기존에 올린 디자인만으로도 매달 200만 원씩 꾸준하게 수익이 발생하고 있다. 그렇게 4년 만에 '연금 파이프라인'을 만들었다.

마침내 부업으로 들어오는 수익이 월급보다 커지자 퇴사를 결심했다. 그렇게 2023년 6월, 자신의 이름을 걸고 스튜디오를 차렸다. 그는 여전히 본업으로 디자인회사로부터 클라이언트 의뢰를 받고 있다. 아내의 디저트 숍도 함께 운영하면서 디저트 브랜드 굿즈도 만든다. 일이 끝나거나 여유가 생길 때마다 새로운 아이디어를 구상하면서 휴식과 놀이 겸 부업을 계속하고 있다. 직장을 다닐 때보다 들어오는 수익은 매달 들쭉날쭉하지만, 연봉으로 보면 훨씬 높아졌다.

누구나 굿즈를 만들 수 있는 시대다. 생성형 AI 챗GPT의 발달로, 이제는 디자인 전공자가 아니더라도 아이디어만 있으면 상품화를 할 수 있다. 못 그리거나 어설픈 디자인이라도 관심을 끌 수 있다면 수익을 낼 수 있다. 자신이 어떤 일에서 재미를 느끼는지 아는 것이 중요해진 이유다.

"각자가 느끼는 재미의 의미는 달라요. 어떤 사람은 물건을 판매하는 일에, 누군가는 만드는 것에 재미를 느끼죠. 본업의 스트레스 해소 창구로 활용한다면 삶의 밸런스를 지키면서도 추가 수익을 낼 수 있다고 생각합니다. 저는 앞으로도 재미있는 일을 계속할 거예요."

3

누구에게나 팔 수 있는
자신만의 콘텐츠가 있다

문토 | 유혜진 27세 | 월 1,000만 원(성수기 최대)

새로운 직업을 찾아 헤맸지만, 저는 별다른 재주가 없었어요.
그러다 공간 공유라는 개념을 알게 됐죠.

유혜진 씨는 여의도 메리어트 호텔(MEA)에서 호텔리어로 일했다. 오랜 시간 감정노동을 하다 보니 몸도 마음도 지쳤다. 이 길이 정말 자신이 원하던 게 맞을까 의심이 들던 차에, 오랜 꿈이던 승무원을 준비하기 위해 2020년 퇴사를 결심했다.

'불행은 결코 혼자 오지 않는다'고 했던가. 때마침 코로나가 터지면서 전 세계 항공산업이 올스톱됐다. 비행기가 뜨지 못하니, 신규 채용은커녕 기존 승무원들까지 짐을 싸서 나와야만 했다. 국내 최대 항공사인 대한항공과 아시아나도 매각과 합병을 하면서 상황은 더 악화됐다. 1~2년 버틴다고 될 일이 아닐 것 같았다. 당장 새로운 직업을 찾아야 했다. 우선 급한 대로 30년 경력의 플로리스트인 부모님에게서 일을 배웠다. 그렇게 1년 동안 화훼 자격증 공부를 하면서 일손을 돕던 중 우연한 기회에 공간대여회사를 운영하는 대표를 만나 '파티룸'에 대해 알게 됐다.

파티룸은 말 그대로, 소규모로 모여 생일이나 기념일을 축하하는 파티를 여는 공간이다. 파티룸이 대중에게 알려진 것은 방탄소년단(BTS) 덕분이다. 팬들이 BTS의 온라인 콘서트 영상을 함께 보며 응원할 장소로 파티룸을 찾으면서 급격하게 확산됐다. 업계에서는 우스갯소리로 '파티룸을 키운 것은 8할이 BTS다'라는 말이 나올 정도다.

사람과의 소통을 좋아하는 그에게 모임을 이끄는 호스트는 천직이었다. 그렇게 2021년 12월 공간임대 사업에 발을 디뎠다. 리스크를 줄이기 위해 최소 비용을 들였다. 페인트칠도 직접 하고, 인테리어도 전부 혼자서 했다. 하지만 모든 일이 그렇듯 생각만큼 잘되지 않았다. 다른 곳과 차별화된 콘텐츠가 없었기 때문이다. 주말에는 드문드문 예약이 들어왔지만, 평일에는 대부분 공실로 놀리는 상황이 발생했다. 장사가 안돼도 월세는 계속 내야 하니 속이 타들어갔다.

무작정 공실로 놔두기보다는 뭐라도 해야 했다. 그래서 빈 공간을 활용해 모임을 주최하기로 했다. 자신처럼 열정 넘치는 사람들을 대상으로 'N잡러' 모임을 열어 서로 용기를 북돋고, 궁금했던 부분에 대해 정보를 나눴다. 모임이 입소문 나고 후기가 쌓이면서 자연스럽게 파티룸도 홍보가 되면서 예약이 들어왔다.

1호점이 정상 궤도에 오르자 자신감이 생긴 그는 곧바로 2호점을 열었다. 2호점은 서울 마포구 홍대에 옥상 공간을 활용할 수 있는 곳으로, 날씨가 맑은 날에는 별도 볼 수 있는 이색적인 장소였다. 임대료와 인테리어를 포함해 초기 비용으로 총 3,500만 원이 들었다. 옥상이라는 공간과 시너지를 내는 콘텐츠를 만드는 것이 관건이었다. 처음에는 단순히 루프톱 바비큐 모임을 생각했지만, 경쟁 호스트들과의 차별화가 부족했다.

그러다 번뜩 '도심 속에서 불멍'을 즐기는 모습이 떠올랐다. 멀리 캠핑을 가지 않고도 옥상 위에서 멍하니 불을 바라보면서 힐링하면 좋겠다고 생각했다. 시험 삼아 플랫폼에 모임 공지를 올렸다.

> **오늘 저녁 홍대에서 같이 별 보면서 불멍 해요. (10/10명)**

순식간에 모임 정원이 꽉 찼다. 주로 평일에 퇴근한 직장인들과 공부를 끝내고 이대로 집에 가기 아쉬운 대학생들이 모였다. 함께 마시멜로와 고구마를 굽고, 화로에 파우더를 넣으면 푸른색으로 변하는 불꽃을 보면서 시간을 보냈다. 술은 적당히 취할 만큼 맥주 한 캔 정도로 제한했다. 대화 주제는 그날의 게스트에 따라 달라졌다. 어느 날은 카이스트에서 천문학 박사과정을 밟고 있는 사람이 즉

> 66
> 우물 안 개구리처럼 살지 않은 것이 인생의 전환점이 됐어요.
> 회사를 그만두고 진로를 고민하던 때
> 주변에 솔직하게 내 상황을 올리고 조언을 구했어요.
> 99

석에서 별자리 강의를 하기도 했다. 모임이 따분하지도 늘어지지도 않게끔 시간 조율을 하는 것이 호스트의 역할이었다. 다양한 사람이 모여 자신의 이야기를 나누면서 점차 팬들이 늘어갔다.

물론 시행착오도 있었다. 태어나서 한 번도 캠핑을 해본 적 없던 그는 장작에 불을 붙이는 법조차 몰랐다. 초기에는 습기를 머금은 장작에 불을 붙였다가 연기만 폴폴 났다. 가장 저렴해서 덜컥 산 작은 화로는 오히려 장작이 너무 빨리 타버려 손해를 냈다. 하지만 점차 노하우가 쌓이면서 능숙해져갔다. 장작 아래에 나무젓가락으로 불을 놓으면 쉽게 불이 붙는다는 것을 배웠다. 장비도 이중으로 연소가 되는 오래 타는 화로로 바꿨다. 장작이라고 다 똑같은 것은 아니며, 브랜드마다 품질이 천차만별이라는 사실도 알게 됐다. 단골로 정착한 장작은 자주 품절이 돼서 매일 수량을 체크해 넉넉하게 주문해두고 있다. 가장 큰 변수는 날씨였다. 그는 눈을 뜨자마자 날씨 체크부터 한다. 주간 날씨 예보를 보고 모임을 기획하지만, 가끔 하늘이 변덕을 부리면 일정을 변경할 때도 있다.

그가 모임을 통해 얻는 매출은 그의 체력에 따라 결정된다. 1회 모임을 하면 20만 원 정도 수익이 발생한다. 1주일에 2~3회씩 열면 월 매출은 두세 배가 된다. 공간대여만 놓고 보면 성수기에는 한 곳에서만 800~1,000만 원씩 매출이 발생한다. 매달 평균을 놓고 보면 한 곳당 100~200만 원을 꾸준하게 벌고 있다. 초기 투자했던 비용은 이미 전부 회수했다. 하지만 주말 없이 일을 해야 하기에 몸이 힘들 때도 많다. 친구들은 종종 그에게 "너처럼 살면 2주는 누워 있어야 해"라고 말하기도 한다. 다른 사람으로부터 에너지를 얻는 사람에게 잘 어울리는 업종이다.

그렇다면 파티룸에 도전하려는 사람들은 무엇부터 해야 할까. 서울에서 파티룸의 3대 성지는 홍대, 건대, 강남이다. 홍대와 건대 상권은 대학가 근처라 유동 인구가 많다. 강남은 직장인들의 회의나 워크숍을 위한 장소 대여가 인기다. 이 밖에도 서울역이나 영등포처럼 경기도 순환버스가 지나는 역 근처도 유망하다. 최대한 역과 가까운 거리를 고르고, 찾아오기도 전에 지칠 것만 같은 지역은 피한다.

부동산 매물을 고를 때 지하 공간은 거르는 게 현명하다. 넓은 곳을 저렴하게 임대할 수 있고, 소음 문제도 적다는 장점이 있지만, 환기가 힘들다. 장마철에는 지역에 따라 침수 등 걱정할 부분도 생긴다. 3층 이상의 공간은 무조건 엘리베이터가 필수다. 게스트의 접근성뿐 아니라 호스트가 물건을 나를 때도 편하다. 화장실은 되도록 실내에 함께 있거나, 같은 층에 있더라도 단독으로 사용 가능한지 확인한다. 가장 중요한 것은 비어 있는 공간을 보고 '이렇게 꾸미면 재밌겠다'라는 생각이 딱 드는 곳을 선택하는 일이다. 모임의 콘셉트에 맞춰 공간을 인테리어하고, 고객의 입장에서 생각해 공간 분위기를 디자인한다.

그는 '우물 안 개구리'처럼 살지 않은 것이 인생의 새로운 전환점을 맞이한 비결이라고 했다. 회사를 그만두고 진로를 고민하던 그는 안전한 집을 박차고 밖으로 나왔다. 그리고 자신이 처한 상황을 숨기고 포장하기보다 주위에 솔직하고 적극적으로 알렸다.

인연이 날개가 됐다. 사람이 또 다른 사람을 물어다줬다. 그들과 이야기를 나누다 보니 아이디어를 얻었고, 보이지 않던 길이 나타났다. 그렇게 본업을 하면서 부업으로 홍대와 연남동에서 공간대여매물 두 곳을 운영하게 됐다. 그는 '누구나 자기만의 콘텐츠가 있다'는 말로 인터뷰를 마무리했다.

"내가 잘하는 것만이 내 콘텐츠가 되는 건 아니에요. 자신이 좋아하는 것으로 사람들을 모으고 함께 나눌 수 있다면 충분합니다. 그게 음악이 될 수도, 미술이 될 수도, 한 가지 주제로 대화를 나누는 것이 될 수도 있겠죠. 누구나 호스트가 될 수 있는 시대입니다."

모임을 위한 나만의 콘텐츠, 어떻게 만들까?

1. 공간 분위기에 맞는 모임을 기획한다

공간의 분위기에 맞춰 소수의 인원이 모여 서로의 취향을 깊이 탐색하는 모임을 기획한다. '도심 속 불멍' 콘텐츠도 공간에서 시작됐다. 루프톱을 찾은 지인이 "여기서 불멍 하면 좋겠다"는 말에 아이디어가 떠올랐고, 바로 다음 날 화로를 구매했다. 옥상 공간과 화로가 주는 분위기는 마치 캠핑장에서 힐링하는 것 같았다. 또 이 공간이 서로의 일상과 속마음을 얘기하는 소셜링에 적합하겠다는 생각이 들어 모임도 열었다. 모임에 참여한 사람들은 공간이 주는 몰입감 덕분에 "시간 가는 줄 몰랐다"는 후기를 남겼다. 덕분에 벌써 2년 동안 꾸준한 사랑을 받고 있다.

2. 모임의 매력은 호스트의 '퍼스널 브랜딩'에 달렸다

소셜링 참여자들은 호스트의 모임 히스토리를 보고 결정한다. 그 공간을 얼마나 열심히 관리하느냐에 따라 참석률이 갈린다. 소셜링을 진행하고 나면 꼭 피드에 사진, 감정, 분위기 등을 남겨둔다. 호스트만의 콘텐츠를 만들고, 모임을 한 장 한 장 기록하다 보면 그것이 결국 브랜딩이 된다. 성공하는 호스트의 비결은 꾸준함이다.

3. 모임에 주제가 없어도 괜찮다

'도심 속 불멍' 콘텐츠는 주제 없이 2년째 지속되고 있다. 특별한 아이디어로 기획한 소셜링을 좋아하는 이들도 있겠지만, 평범한 일상이나 소소한 고민, 자신만의 특별한 경험과 같이 가볍게 일상을 나누고 싶은 이들도 많다. 주제 없이 자신의 이야기를 나누기만 해도 만족도가 매우 높다. 후기에 "콘텐츠가 없는 게 콘텐츠다"라는 글이 있는데, 소셜링의 콘셉트를 잘 표현한 문장이다.

4. 10만 원만으로도 사업이 가능하다

다른 비즈니스에 비해 상대적으로 적은 비용으로 시작할 수 있다는 점이 소셜링의 매력이다. 혜진 씨가 주최한 첫 모임 'N잡러 모여봐요'는 카페 대관 비용과 다과비 정도만 들었다. 그 후 '도심 속 불멍'을 시작하면서 화로나 장작 등 필요한 도구를 구매하는 비용이 들긴 했지만, 큰 부담은 없었다. 작은 공간에서 소수의 사람과 이야기하는 소셜링이다 보니, 예상치 못한 추가 비용도 크게 발생하지 않는다. 그는 10만 원으로 시작했지만, 어느새 140여 개의 소셜링을 오픈한 호스트가 됐다.

5. 요즘 대세는 호스트들과의 콜라보다

마치 레크레이션 강사처럼, 호스트들이 서로 협업해 많은 인원의 참여자에게 대규모 콘텐츠를 제공하는 것이 요즘 트렌드다. 대규모 모임 진행으로 인해 수익 상승 폭 역시 커졌다. 만약 본인이 운영하는 공간에서 모임을 진행한다면 대관 비용이 없어 수익이 더 상승할 수 있다.

소셜링의 장점은 언제든지 다양한 콘텐츠를 시도해볼 수 있다는 점이다. 다른 호스트들과 같이 일하면, 배울 점이 많을 뿐 아니라 더 다양한 취향을 가진 참여자와 만날 수 있다. 친해진 호스트들끼리 크루를 결성해 파티 모임을 진행할 수도 있다. 소셜링은 좋아하는 일을 하면서 수익을 내는 매력적인 일이다. 사람들과 함께할 때 에너지를 얻는 편이라면, 한번 도전해보길 바란다.

골칫덩이 캠핑카를 황금알 낳는 거위로!
차량 공유로 월세를 벌다

바카르 | 이상훈 49세 | 월 매출 400만 원(극성수기 기준)

취미인 캠핑을 위해 1억짜리 캠핑카를 구매했습니다.
안 쓸 때는 공유하면 수익을 낼 수 있겠다 싶었죠.

이상훈 씨는 인테리어 사업자다. 유일한 취미는 캠핑이었는데, 처음부터 캠핑카 구매에 관심을 둔 것은 아니었다. 휴일이 되면 경차 레이를 개조해 차박을 떠났다. 하지만 아이들이 점점 자라면서 더 큰 차가 필요했다. 그러다 연말 할인 행사를 통해 억대 캠핑카 차량이 9,000만 원에 나온다는 소식을 들었다. 큰맘 먹고 전액 카드 대출로 구매하기로 결심했다. 개인사업자 부가세환급을 이용하면 일정 금액은 충당이 가능하겠다고 생각했다.

하지만 설렘은 잠깐이었다. 캠핑카만 있으면 매일 캠핑을 떠날 것 같았지만, 1년에 실제 이용 시간은 1~2개월밖에 되지 않았다. 캠핑을 밥 먹듯 떠났던 그조차 10개월 이상은 주차장에 세워두는 게 현실이었다. 개조 차량과 달리 캠핑 전용 차량은 차고가 높아 데일리 카로도 쓸 수가 없었다. 아파트 단지에 주차 공간이 여유롭지 않을 때는 별도로 매달 비용을 내고 외부에 주차해야 했다. 감가상각률이 높은 것도 부담이었다. 보통 2년이 지나면 차량 가격이 40퍼센트 가까이 떨어진다.

그는 캠핑카를 쓰지 않는 시간에는 차량 공유를 통해 수익을 내기로 했다. 큰 이익은 나지 않더라도, 할부 비용 정도만 벌 수 있어도 좋겠다 싶었다. 사업자로 평소 차량을 여러 대 보유하며 관리한 경험이 있어 간단한 유지보수 정도는 직접 할 수 있다는 것도 장점이었다. 다행히 정부에서 경기·충청 지역에 한시적으로 캠핑카 임대 사업이 가능하도록 규제 샌드박스를 시행했다. 일반 렌터카업체보다 20퍼센트 저렴하게 빌려준다면 충분히 수요가 있을 것으로 보였다.

수익률을 높이기 위해 일대일 거래로 직접 차량 공유에 나섰다. 앱을 통해 예약 접수가 오면 차량 공유 일정을 확인하고 승인하는데, 보통 주말에 이용자가 가장 많다. 토요일 오전 10시에 플랫폼 사무실에서 인도 서류를 쓰고, 캠핑 차량을 직접 소개한다. 대면을 통해 대여하기 때문에 일반 렌터카와 달리, 사람들이 차량을 험하게 쓰지 않는 편이다. 캠핑카 마니아의 차량이라 캠핑 의자 네 세트,

테이블, 코펠, 버너 등 웬만한 장비는 모두 갖춰져 있어서 반응이 좋았다.

차량이 잘 나갈수록 스케줄도 바빠졌다. 주말 반납인 경우, 개인 일정과 겹치면 체력적으로 힘이 들었다. 성수기 때는 시간이 빠듯해 퇴근 후에 밤늦게까지 청소를 했다. 일이 너무 몰릴 때는 외주업체에 청소를 맡기기도 했다. 차량 반납 시간은 낮 12시로 정해져 있지만, 대부분 시간을 정확히 맞추는 일은 드물었고, 오후 3~4시에서 저녁까지 기다리는 일도 다반사였다. 대신 시간이 연체될수록 수익도 올라간다. 1시간당 2만 원의 추가 비용을 받기 때문이다.

이렇게 해서 한 달 매출은 어느 정도가 될까. 매출은 2023년 6월 기준 240만 원 정도였다. 성수기에는 대여 금액이 올라가지만, 7월에는 비가 많이 와서 매출이 좋지 않은 편이다. 8월 극성수기에는 400만 원이 넘는 금액을 벌기도 했다. 장박 이용자가 많을수록 수익은 더욱 커졌다. 캠핑카는 난방도 가능해서 스키족이나 스노보드족을 대상으로 겨울철 마케팅도 펼치고 있다.

한편, 예상치 못한 비용도 있었다. 바로 자동차 보험. 캠핑카는 사업자용 자차 보험으로 1년에 400만 원 정도 내야 하는데, 매년 내는 금액이다 보니 예상보다 부담이 컸다. 그래도 주차나 기타 차량 관리는 직접 하기 때문에 별도 비용은 들지 않는다.

차량 공유는 처음 시도하는 분야라 웃지 못할 해프닝도 많았다. 가족 고객이 여행하던 중간에 캠핑카 에어컨에 문제가 발생해 중도

<blockquote>
❝
차량 공유는 처음 시도하는 분야라 웃지 못할 해프닝도 많았어요.
처음엔 그런 돌발 상황에 당황하기도 했지만,
문제를 해결해가며 노하우를 쌓아가고 있어요.
❞
</blockquote>

에 반납한 적이 있다. 사용자와 유선을 통해 문제해결을 하려 했지만, 즉각적인 피드백이 어려웠다. 나중에 알고 보니 간단한 배수 문제여서 금방 해결이 가능한 상황이었다. 또 사용자가 차량 키를 캠핑카 안에 두고 문을 잠가버린 일도 있었다. 돌발 상황에 당황한 적도 많았지만, 문제를 해결해가면서 점점 노하우를 쌓고 있다.

캠핑이 유행하면서 캠핑카 구입을 고민하는 사람들도 많아졌다. 캠핑카를 구매할 때는 어떤 사항을 고려해야 할까. 그는 라이프스타일에 맞춰 구매하라고 추천한다. 가족이 많다면, 침대가 많이 나오고 최대 여섯 명이 잘 수 있는 대형 차량이 좋다. 오토 캠핑장에서는 별도로 텐트를 칠 필요가 없어 피칭하기에 편하고, 캠핑시설이 갖춰지지 않은 오지에서도 물과 화장실 문제만 해결되면 걱정 없는 것도 대형 캠핑카의 장점이다. 데일리 카로 사용한다면, 스타리아와 같은 승합차 개조 차량을 사는 것도 좋다. 자영업자라면, 평소에도 짐을 실을 수 있는 픽업트럭을 구매해 루프톱 텐트를 다는 것도 고려해볼 만하다. 은퇴자라면, 중고로 구매하기를 추천한다. 연식이 오래된 차량이라도 가격을 낮춰 렌트로 내놓으면 충분히 수요가 있다.

그는 앞으로 캠핑카 문화가 활성화돼 차량 보유에 대한 부담을 줄여주는 방안이 나오기를 바란다며, 미소 지었다. 그 모습에서 캠핑을 진심으로 좋아하는 마니아다운 면모가 느껴졌다.

"해외에서는 캠핑카 수출도 활발합니다. 한국에서도 가능해진다

면, 중고 거래를 통해 자금 회수가 가능할 것으로 기대됩니다. 캠핑
카 차량 공유는 높은 수익성을 기대하기보다 캠핑카를 보유하면서
금융 비용이나 추가 이익을 얻을 수 있어 좋습니다. 저처럼 캠핑카
마니아들에게는 큰 장점이죠."

5

미국에서 시험을 준비하다
디지털 문구 작가로 변신한 약사

위버딩 | 오지영 33세 | 월평균 300만 원

유튜브로 독학해서 디지털 문구류를 만들었어요.
처음에는 '누가 사겠나' 걱정이 많았죠.

∨

오지영 씨는 한국에서 약사로 일했다. 모범생이었던 그는 늘 안전하고 정해진 길만 걸었다. 약사를 하기로 결심한 것도 개인 성향과 잘 맞는 데다, 평생 직업이라는 인식 때문이었다. 약대를 졸업한 그는 서울의 대형 병원에서 일하다 개인 약국에서 월급을 받는 페이 약사로 일했다. 별다른 일이 없었다면 아마 평생 약사로 살았을 터였다. 그의 인생을 바꾼 건 결혼이었다. 2019년 남편과 함께 미국으로 이민을 결심했기 때문이다. 미국에서도 약사를 해야겠다고 마음먹은 그는 새로운 나라에서도 안정적인 삶을 꿈꿨다.

늘 그렇듯 인생은 계획대로 흘러가는 법이 없었다. 미국에서 약사 시험 준비가 생각보다 길어지면서 금전 부담이 어깨를 짓눌렀다. 매달 들어가는 학비와 생활비가 만만치 않았다. 부부가 가진 자금 대부분은 미국에서 체류하기 위한 영주권 신청에 쓴 상태였다. 당장 돈을 벌어야 했지만, 설상가상으로 트럼프 정부 시절 취업비자 발급이 막혔다. 먹고살 방법을 찾아야만 했다. 처음에는 구매대행을 하려고 했다. 하지만 기숙사에서 생활하는데 재고를 쌓아둘 곳이 마땅치 않았다. 그는 초기 비용이 가장 낮은 일이 뭘까 고민하다 디지털 문구를 만들어 팔아보기로 했다.

한국에서는 아직 낯선 디지털 문구는 미국이나 유럽에서는 이미 익숙한 제품이다. 90년대 중반 이후 태어난 세대들은 공책이 아니라 태블릿PC로 공부한다. 공책부터 다이어리, 스티커, 편지지, 포스트잇까지 전부 디지털 제품을 구매한다. 글로벌 시장조사기관 이커머스바이츠에 따르면, 전 세계 태블릿PC 보급량은 10억 대로, 직접 필기하는 이용자는 작년 기준 한 달에 5,000만 명에 달한다고 한다. 글로벌 디지털 문구시장도 2030년에 157억 달러(약 20조 4,429억 원)를 넘을 것으로 전망한다.

우선, 디자인 프로그램을 배우는 것이 급선무였다. 디자인 전공이 아니었던 그는 모든 것이 서툴렀다. 매일 새벽까지 유튜브를 보면서 독학으로 어도비의 인디자인 프로그램을 공부했다. 3~4개월은 주말 없이 기능을 익혔다. 프로그램이 어느 정도 손에 익자 첫

오지영 씨가 제작 중인 만년형 플래너

66

미국에 오니 주변의 눈치를 안 봐도 됐어요.
그러니 더 겁 없이 도전할 수 있었던 것 같아요.
궤도를 벗어나지 않았다면
디지털 문구 작가라는 직업을 가질 수 없었겠지요.

99

작품에 도전했다. 한 장짜리 단어장 노트였다. 디자인 요소가 들어가지 않는 문구류라 초보자가 시도하기에 제격이라고 생각했다. 간단해 보였지만 완성까지 1주일이 넘게 걸렸다. 하루빨리 상품을 올려 반응을 보고 싶었다. 상품을 올리려면 섬네일도 필요하기에 내친김에 포토숍도 배웠다.

4개월간 공들여 만든 첫 작품을 미국 플랫폼에 올렸지만, 결과는 처참했다. 아무도 그의 상품에 관심을 가지지 않았다. 하루에 1달러짜리 SNS 광고까지 했지만, 전혀 팔리지 않았다. 미국에서는 이미 비슷한 제품들이 너무 많았던 것이다. 다른 방법을 찾아야 했다. 그러다 한국에도 비슷한 판매 플랫폼이 있다는 것을 알게 됐다. 하지만 미국에서도 안 팔리는데, 한국에서는 팔릴지 의문이 들었다.

인터넷 강국인 한국에서는 정보를 공짜로 얻고 공유하는 일이 크게 어렵지 않았다. 이미 당시에도 블로그에 검색만 하면 디지털 문구류를 무료로 나눠주는 곳이 많았다. 하지만 밑져야 본전이었다. 그동안 만든 상품 두세 개를 한국 플랫폼에 올리고 다시 미국 플랫폼에 집중했다. 그런데 웬걸. 첫 달 수익 8,000원이 입금됐다. 돈이 들어온 것을 보고 '이거 되겠다' 싶었다. 상품을 더 많이 올리면 충분히 수익을 내는 것이 가능하겠다고 생각했다. 게다가 디지털 PDF 파일이라 재고도 없고, 사람들이 계속 다운받으면 지속해서 수익이 나는 구조였다.

우선 목표 수익을 30달러(약 3만 9,000원)로 잡았다. 더도 덜도 말고 어도비 인디자인 구독 비용을 회수할 때까지만 지치지 않고 상품을 올리자고 다짐했다. 한 장짜리 단어장과 노트를 똑같은 디자인에 색깔만 달리해 네 가지 버전으로 팔았다. 가격은 2,000~3,000원이었다. 다음 달이 되자 몇만 원이 들어오면서 초기 투자 비용을 뽑았다. 6개월이 지나면서 수익은 100만 원까지 늘어났다. 하지만 단가가 낮아 매출이 더 늘지 않고 정체가 되더니 급기야 하락하고 말았다.

그는 미국 플랫폼에서 가장 인기가 있는 제품을 벤치마킹했다. 미국 이용자들은 주로 600~1,000장에 달하는 PDF로 만든 '만년형 플래너'를 많이 썼다. 문구점에서 흔히 볼 수 있는 플래너가 있는 다이어리로, 1년 단위로 월간 12장, 주간 52장, 일간 365장으로 구성돼 있다. 일반 종이 제품은 50장 정도 분량에 날짜를 일일이 손으로 기록해야 하지만, 디지털 PDF는 하나하나 하이퍼링크를 연결해 날짜를 클릭하면 해당 스케줄을 볼 수 있다.

그는 한국에도 '올인원 상품'을 내놓기로 결심했다. 플래너에 가계부, 운동 일지, 수면, 기분 체크, 비즈니스 플래너, 미팅까지 가능한 모든 기능을 넣었다. 디지털 플래너는 태블릿PC에서 굿노트와 같은 필기 앱으로 열면 사용이 가능하다. PDF 파일을 마치 나만의 앱으로 쓸 수 있는 셈이다. 간단해 보였던 프로젝트였지만, 완성까지 장장 6개월이 걸렸다. 제품의 가격을 놓고도 고민에 빠졌다. 미국에서는 보통 25달러(약 3만 2,000원)에 판매하는 상품이었는데, 한국에서는 그렇게 팔면 망하겠다 싶어 1만 2,000원에 팔았다. 다른 작가들이 내놓은 몇천 원대 저가 제품 사이에서 과연 승산이 있겠나 싶었지만, 걱정은 기우였다. 만년형 플래너로 월간 구매 1위를 했다. 매달 플랫폼에서 벌어들이는 수익의 80퍼센트가 플래너에서 나오고 있다. 그것도 2년째 스테디셀러 상품이다.

디지털 시대에 문구류를 사용하는 고객은 90퍼센트가 2030여성이다. 기존 다이어리는 매일 들고 다니기에 무겁고, 잃어버릴 일도 많다. 다 쓰면 매년 새로 사야 하는 번거로움도 있다. 기존의 스케줄 관리 앱은 키보드로 타이핑하는 방식이라 손맛이 덜하다. 터치펜으로 직접 쓰는 아날로그 감성에 디지털 감성을 더한 것이 통했다.

소통을 강조한 것도 차별화 포인트였다. 그는 모든 후기를 읽어보고 일일이 답장한다. 구매자들의 아이디를 빠짐없이 엑셀로 정리해, 재구매하는 사람들에게는 감사 인사글과 함께 디지털 스티커를 선물로 보내준다. 그의 정성스러운 소통에 어느새 팬들도 하나둘씩 늘었다.

약사뿐 아니라 디지털 문구 작가라는 직업을 하나 더 갖게 된 그는, 궤도를 벗어나지 않았다면 무모한 도전을 하지 않았을 것이라고 소회를 밝혔다. 하지만 아무것도 없는 밑바닥에서 스스로의 힘으로 작은 성과를 만든 원동력은 그 겁 없는 도전이 아니었을까.

"미국에 오니 주변 눈치를 안 봐도 됐어요. 잔소리하는 사람이 없으니 겁 없이 도전할 수 있었죠. 디지털 사업을 해보니 온라인과 오프라인만 다를 뿐이지 결국 사람의 마음을 얻는 것이 가장 기본인 것 같아요. 앞으로도 지금처럼 초심을 잊지 않고 꾸준히 계속할 계획입니다."

디지털 문구 제작, 어떻게 시작할까?

1. 학원은 필요 없어, 모든 정보는 유튜브로!

디지털 문구류를 만드는 대표적인 툴은 어도비의 '인디자인'이다. 인디자인 프로그램을 공부하는 사람들은 보통 어도비코리아가가 제공하는 유튜브 채널을 많이 참고한다. 이 채널에서는 포토숍 강의도 함께 진행해, 인디자인과 포토숍을 처음 시작하는 이들도 기본적인 기능을 충분히 배울 수 있다. 인디자인 프로그램이 어렵다면, 아이패드의 기본 앱으로 깔려 있는 '키노트'를 활용하는 것도 추천한다. 손쉽게 표나 글을 넣을 수 있고, 하이퍼링크도 만들 수 있어 접근성이 좋다.

2. 하나만 제대로 만들면 연금처럼 매달 따박따박

최근 디지털 문구시장이 급성장 중이다. 몇 년 전만 해도 디지털 문구에 대한 인지도 자체가 낮았던 데다 경쟁업체들도 많지 않았다. 하지만 시간이 지날수록 구매 고객이 늘고 있다. 아이패드나 갤럭시탭 등 태블릿PC 이용자가 증가하고, 사용 연령층이 다양해진 덕분이다. 따라서 종이 다이어리나 플래너에 주력하던 업체들도 디지털 문구시장에 뛰어드는 추세다. 지영 씨의 경우, 2023년에는 출산과 육아로 인해 문구류를 하나도 제작하지 못했지만, 기존에 올려둔 제품들로만 꾸준히 월평균 300만 원 이상의 수익을 냈다.

3. 브랜드 홍보는 초기부터 유료로!

디지털 문구를 처음 시작할 때는 얼마만큼 수익이 날지 예상하기 힘들다. 그래서 보통은 공격적인 홍보를 할 엄두를 내지 못한다. 하지만 유튜브나 인스타그램처럼 온라인 채널이나 SNS를 홍보의 창으로 활용한다면, 수익은 물론 브랜드 위상까지 달라질 수 있다.

인스타그램에 비즈니스 광고하는 법

- **1단계: 비즈니스 계정 전환하기**

  인스타그램에서는 비즈니스 계정을 만들거나, 개인 계정을 비즈니스 계정으로 전환하는 것이 어렵지 않다. 메인 페이지의 우측 상단 설정에서 계정을 클릭해 '프로페셔널 계정 전환'을 누르면 된다. 오프라인 상업 활동을 한다면 '비즈니스'로, 유튜브나 블로그의 홍보가 목적이라면 '크리에이터'로 등록한다. 언제든 다시 전환할 수 있으니 깊게 고민할 필요는 없다. 정보의 경우, 오프라인 매장이 있다면 위치 정보를 넣고, 없다면 지역명만 넣어도 무방하다.

- **2단계: 광고 목표 설정하기**

  비즈니스 계정으로 전환한 뒤 홍보를 원하는 콘텐츠를 클릭하면 '게시물 홍보' 버튼이 뜬다. 광고의 목적에 따라 홍보 유형을 선택한다. 팔로워가 늘기를 원한다면 '프로필 방문'을, 블로그나 자체 사이트 방문을 원한다면 '웹사이트 방문'을, 고객의 상품 문의를 유도하고 싶다면 '메시지 받기'를 선택한다.

- **3단계: 대상 및 예산과 기간 설정하기**

  광고가 노출되기 원하는 대상을 설정한다. 인스타그램의 '추천 타깃'을 선택하거나, 내가 원하는 연령·성별·관심사 등으로 선택하는 것도 가능하다. 광고 비용은 하루 최저 1달러부터 책정이 가능하니, 자신이 가진 예산에 따라 예산과 기간을 조정한다.

- **4단계: 광고 유형 설정 및 게시하기**

  인스타그램은 여러 가지 광고 형식을 제공한다. 이미지와 동영상 광고, 두 가지를 혼합한 캐러셀(carousel) 광고, 스토리 광고 등이 있다. 목적과 타깃층에 맞는 형식을 선택하고 광고를 제출하면, 승인 후에 게시가 된다.

6

여행 경비를 위해 청소를 시작했다가 짭짤한 부수입을 버는 주부

청소연구소 | 허영숙 55세 | 월 130만 원

청소일을 한다고 하면 궂은일을 한다고 생각해요.
하지만 원하는 시간에 맞춰 일할 수 있는 장점이 더 크답니다.

∨

허영숙 씨는 30여 년 동안 아이들에게 책을 읽어주는 동화구연가로 일하고 있다. 한 달에 15일만 출근해서 주기적으로 수익이 들어오지는 않지만, 아이 셋을 키우기에는 더없이 좋은 직업이었다. 어느새 자식들은 모두 자라 독립을 했고, 그는 50대가 됐다. 시간은 점점 여유로워졌지만, 돈 문제가 발목을 잡았다. 친구들과 여행을 가려 해도 돈이 있어야 했다. 현실적으로 정규직 회사에 들어갈 수도 없는 나이인데, 불현듯 노후가 막막했다.

그러다 우연히 뉴스 기사를 봤다. 맞벌이 부부들이 집안일을 대신해주는 사람을 구하기가 힘들다는 내용이었다. 집안일이라면 자신도 쉽게 할 수 있겠다 싶었다. 여러 회사를 검색하던 중, 독특한 회사 이름이 눈에 띄었다. 청소연구소라니. 사실 그는 집에서 청소를 자주 하지 않았다. 평생을 입으로만 먹고살았지, 몸을 쓰는 일에는 젬병이었다. 내 집도 청소를 못 하는데, 남의 집 청소를 잘할 수 있을까. 슬슬 걱정이 됐다.

그렇게 2022년 6월, 매니저 교육의 문을 두드렸다. 정규직 채용도 아니고 '힘들면 바로 그만두지 뭐'라며 가볍게 생각했다. 아이들을 가르치는 일을 하다가 오랜만에 배우는 위치가 됐다. 강의실 맨 앞자리에 앉아 시간 가는 줄 모르고 5시간을 경청했다. 청소는 단순히 노동이 아니라 집을 관리하는 홈서비스라는 설명에 큰 공감을 했다.

청소일이라고 해도 아무나 할 수 없었다. 신원이 확실한 70세 이하 여성만 매니저로 일할 수 있었다. 그래서 더욱 신뢰가 갔다. 교육 이후 매니저를 수락하니 앞치마와 다목적 세제가 들어 있는 청소 도구를 보내줬다. 현장에 구비된 청소 도구와 세제를 사용하는 것이 원칙이라 초기에 따로 드는 돈이 없다는 점도 장점이었다.

민트색 유니폼까지 받아 든 뒤 앱으로 한 달 스케줄을 짰다. 고객의 요청을 확인하고 일이 가능한 시간대면 수락하는 시스템이었다. 고객을 직접 마주치지 않고, 앱으로 요구 사항을 확인할 수도 있었다. 업무 시간은 집의 평수마다 다른데, 보통 오전은 9시부터 4시간,

66

청소는 단순히 노동이 아니라 집을 관리하는
홈서비스라는 설명에 큰 공감을 했어요.
퇴근 후 깨끗해진 집에 돌아오면
얼마나 기뻐할까를 생각하면 힘이 납니다.

99

오후는 2시부터 4시간 두 개 타임으로 돌아간다. 전업으로 하는 사람들은 오전 오후 모두 일하기도 한다.

　드디어 첫 업무를 시작하는 날이 왔다. 청소에 자신감이 붙었지만, 막상 낯선 집에 들어가자 눈앞이 캄캄해졌다. 집안 구조도 익숙하지 않은 데다 청소기 위치를 못 찾아 헤매기도 했다. 교육 때 들었던 것처럼 청소 동선을 깔끔하게 짜기가 힘들었다. 아직 일이 끝나지도 않았는데, 4시간이 넘었다면서 업무 종료 알람이 울렸다. 결국 초과 시간을 들여 청소를 끝냈다.

　1~2개월이 흐르자 점점 노하우가 생겼다. 집에 들어가서 곧바로 청소하는 대신, 천천히 둘러보면서 머릿속으로 동선을 짰다. 묵은 때가 있는 부분은 세제로 미리 불려놓으면 시간을 아낄 수 있다. 세탁물이 많다면, 가장 먼저 세탁기를 돌려야 한다. 어느새 종료 알람이 울리기 10분 전에 빼먹은 것은 없는지, 둘러볼 여유가 생겼다.

　스케줄은 보통 교대근무를 하면서 비는 시간대에 잡는다. 4시간을 일하면 평균 5만 원을 받는다. 동네마다 시급이 다른데, 시급이 높을 때는 조금 멀더라도 청소하러 가기도 한다. 한 달에 평균 50~70시간을 일해 최대 130만 원까지 벌기도 한다. 보통 집이나 회사 출퇴근길에 가까운 곳에서 일을 해서 유류비도 생각보다 많이 나오지 않는다.

　가족들은 힘들지 않느냐고 걱정했지만, 몸을 쓰는 일을 하다 보니 본업에도 긍정적인 영향을 미쳤다. 단순하고 반복적인 움직임을 통해 잡생각이 사라져 스트레스가 풀렸다. 원하는 시간에 일을 해 바짝 벌고 쉴 수 있다는 점이 특히 좋았다. 덕분에 휴가나 여행을 비용 걱정 없이 마음껏 갈 수 있게 됐다. 여전히 청소일을 '궂은일', '험한 일'이라고 생각하는 이들에게 그녀가 들려주는 마지막 말은 의미 있다.

"젊은 친구들의 집을 가보면 꼭 내 아이 집이라는 생각이 들어요. 퇴근 후 깨끗해진 집에 돌아오면 얼마나 기뻐할까. 이런 생각을 하면 절로 힘이 나기도 하죠. 청소를 통해 누군가에게 위로를 줄 수 있다는 것을 알게 돼 기쁩니다."

7

건당 10원대 AI 데이터 라벨링, 티끌 모아 태산 만들다

데이터라벨러 | 심정우 36세 | 월평균 360만 원

출퇴근이 고정된 일이 아니라서 틈틈이 할 일을 찾았어요.
데이터 라벨링으로 몇 개월만에 1년 치 연봉을 벌죠.

심정우 씨는 부동산중개업소에서 직원으로 일했다. 주택관리 일을 했는데, 계약이나 관리 등 필요할 때만 일을 해 시간적 여유가 있었다. 비어있는 시간에 할 수 있는 일을 찾고 싶었다. 그러다 2020년 집에서 혼자서 할 수 있는 '데이터 라벨링'을 알게 됐다. 일반인에게는 생소한 데이터 라벨링은 쉽게 말하면 인공지능(AI)이 세상을 인식하도록 가르치는 일이다.

예를 들어, 복잡한 사진 속에서 강아지를 찾는 일을 맡았다고 하자. 라벨러는 사진 속에서 강아지를 찾아 마우스로 네모(바운딩 박스)

를 그려 배경과 강아지를 구분한다. 그리고 강아지에 이름표(라벨)를 붙이듯 태그를 달아주면 끝이다. 데이터 학습량이 점점 늘어나다 보면 AI는 복잡한 사진 속에서 인간의 도움 없이 강아지를 골라내게 된다.

집에서 앉아서 돈을 벌 수 있다는 말을 처음 들었을 땐 사기 아니냐며 믿지 않았다. 인터넷에서 떠도는 다단계업체에 들어가는 것은 아닐까 걱정도 됐다. 하지만 당시에는 더 잃을 게 없었다. 밑져야 본전이라는 심정으로 플랫폼에 접속해 지원서를 냈다. 별다른 교육 없이 곧바로 일감을 맡았다. 첫 프로젝트는 자율주행 차량의 데이터를 만드는 일이었다. 자동차의 사진을 보고 차량의 종류가 SUV인지 세단인지 트럭인지 표시만 하면 됐다. 작업이 쉬운 만큼 건당 보수는 20~30원으로 적었다. 큰돈은 아니었지만, 충분히 할 만하다고 생각했다. 특별한 자격증도 필요 없는 데다 시간과 공간의 제약이 없다는 점이 마음에 들었다.

비록 건당 보수는 낮았지만, 노하우가 생기고 작업 속도가 점점 빨라지자 시간당 보수가 높아졌다. 부업으로 벌어들이는 수익이 월급보다 더 많아지자, 2021년부터 전업으로 데이터 라벨링에 뛰어들었다.

보통 프로젝트는 정부와 민간에서 따로 모집하는데, 일감이 고정적이지 않다. 성수기와 비수기가 극명하게 갈린다. AI 개발은 반년에서 1년 단위로 단기 프로젝트로 진행한다. 민간 회사에서는 사

누구나 돈을 벌 수는 있지만,
원하는 수준의 수입을 만들기 위해선
남들보다 더 많이 노력해야 합니다.

업 계획을 연초에 세워 플랫폼과 계약 체결 절차를 거친다. 빠르면 7월, 늦으면 10월부터 성수기가 시작된다. 그러다 해를 넘겨 4월부터는 눈에 띄게 일감이 적어져 비수기 기간으로 불린다.

정부 사업은 민간보다 시급이 훨씬 높아 경쟁이 치열하다. 프로젝트는 시도 지방자치단체(지자체)나 정부 기관 홈페이지에 올라오거나 잡코리아 등을 통해 알 수 있다. 관련 정보가 한곳에 모여 있는 것이 아니라서 일거리를 따려면 손품을 팔아야 한다. 전업 라벨러들은 보통 하루에 플랫폼 대여섯 곳, 채용사이트 서너 곳을 둘러보면서 정보를 찾는다. 선발 경쟁도 심해져, 경력자라도 무조건 뽑히지 않는다. 평균 50~60곳에 지원서를 쓰면, 선정되는 곳은 10개 정도다. 프로젝트마다 원하는 경력이 다르기 때문이다. 최종 선정이 되면 계약서를 쓰는 데, 그때가 돼서야 해당 기업의 이름을 알게 된다. 특정 기업이 프로젝트 공고를 내면 AI 개발을 한다고 업계에 소문이 나기 때문에 모든 라벨러는 보안 계약서를 쓴다. 법적인 문제가 생길 수 있기에 클라이언트와 프로젝트에 대한 자세한 내용은 발설하면 안 된다.

계약서까지 썼다면 이제 '한철 장사'로 돈을 벌어야 한다. 성수기에는 아침 7시부터 자정까지 일한다. 식사와 휴식 시간 2~3시간 정도를 제외하고 온종일 컴퓨터 작업을 한다. 하루에 여러 프로젝트를 동시에 진행한다. 바쁠 때는 평일과 주말을 구분하지 않는다. 직장인은 회사에 앉아만 있어도 월급이 제때 나오지만, 프리랜서는 그렇지 않다. 기간별로 수입이 들쭉날쭉해 몇 개월 동안 1년 치를 벌어야 한다. 라벨러들은 보통 시간당 급여로 계산하는데, 작업 속도에 따라 천차만별이다. 그는 최고 27만 원까지 찍기도 했다. 최저 시급으로 아르바이트를 하는 것보다 낫다. 경력이 쌓이면 플랫폼뿐 아니라 개별적으로 연락받기도 한다. 2~3년 장기 프로젝트에 참여하면 비시즌에도 일할 수 있다.

하지만 AI가 고도화되면서 업무 난도도 높아졌다. 예전에는 강아지만 찾아 간단하게 네모 박스만 치면 끝났지만, 이제는 품종과 표정 등 세부 정보를 넣어야 한다. 자율주행 차량의 데이터를 만드는 일도 한층 복잡해졌다. 단순히 차량 종류를 표시하는 것을 넘어, 2차원(2D)으로 찍은 사진과 3차원(3D)으로 수집된 데이터를 동시에 보면서 도로의 형태를 입력한다. 골프 스윙 영상을 분석하는 AI 앱에도 라벨링 작업이 들어간다. 예전에는 사람의 관절에 점을 찍으면 끝났지만, 이제는 3D 원의 형태로 입체적으로 찍어야 한다.

챗GPT처럼 LLM(거대 언어모델)의 등장으로 텍스트 관련 프로젝트도 대세다. 챗GPT의 답변이 적절한지 평가하는 일부터, AI마다 성격(페르소나)을 구별해 대화문을 만들기도 한다. 단순 작업에서 이제는 인간의 사고를 요구하는 일들이 늘어나는 추세다. 자동으로 혼자 학습하는 AI도 생겨나면서, 업계에서는 사람이 할 일이 줄어들 것에 대한 걱정도 커졌다. 하지만 AI에 자동 라벨링 기술을 장착해도 모든 사물을 완벽하게 인식할 수는 없다. 결국 사람이 검수하고 수정해야 한다. 라벨러의 역할이 사라지는 게 아니라, AI에게 피드백을 주는 방식으로 변할 것이라는 게 그의 생각이다.

하지만 모든 일이 다 그렇듯, 앉아서 돈을 벌 수 있다고 해도 생각만큼 쉽지는 않다. 개인의 역량에 따라 수입이 결정되기 때문에 최저시급보다 못 받는 경우도 많다. 하지만 집에서 나가지 않고, 비대면으로 할 수 있다는 점은 분명 장점이다. 특별한 기술도 필요로 하지 않아 지자체에서는 3040여성과 어르신을 위한 일자리로 추진하기도 한다. 라벨러들은 이제 AI의 시대에 살아남기 위해 자신의 역량을 높이는 데 주력하고 있다. 비수기에는 프로그래밍과 코딩을 배우거나 초보 라벨러들을 위한 책을 쓰고 강의도 한다. 티끌 모아 태산을 만드는 그들의 열정은 오늘도 멈출 줄을 모른다.

"프리랜서는 마냥 일거리를 기다려서는 안 돼요. 자신의 역량을 키우고 일거리를 찾아야 합니다. 누구나 돈을 벌 수는 있겠지만, 원하는 수준의 수입을 만들기 위해선 남들보다 더 많이 노력해야 하겠죠."

8

다가구 월세방을 개조해
한국의 정을 알린 은평댁

에어비앤비 | 엠마(닉네임) 48세 | 월평균 300만 원대

외국인들에게 은평구는 매우 낯선 동네예요.
하지만 '한국의 정'을 느끼게 해준다면 통하겠다 생각했죠.

엠마는 평범한 전업주부다. 결혼한 뒤 아이들이 마음껏 뛰어놀 수 있는 곳을 찾다가 2000년대 초 형편에 맞춰 은평구에 있는 빨간색 다가구 벽돌집을 마련했다. 1~2층과 옥탑에는 세를 줄 수 있는 방이 다섯 개 있고, 3층에는 주인집이 사는 흔한 다가구 주택이었다. 처음 집을 살 때는 면적이 너무 작아 고민스러웠다. 20평 공간에서 여섯 식구가 살 수 있을까. 하지만 월세라도 받아야 외벌이 살림살이가 나아질 것 같아 망설임을 접었다.

그러다 우연한 기회로 인생의 전환점을 맞았다. 2013년 초, '외

국인 관광객 숙박업 설명회'를 한다는 내용의 초대장을 받았다. 한국으로 여행 오는 외국인들에게 남는 방을 숙소로 제공해주는 호스트를 모은다는 내용이었다. 이런 이상한 사업을 하는 플랫폼이 있다는 것도 처음 알게 됐다. 몸이 조금 고달프더라도 '월세보다 조금 더 벌어보자'라는 마음에 반신반의로 지원서를 냈다. 설명회 장소에는 그를 포함해 단 세 명뿐이었다. 그렇게 은평구 1세대 호스트의 삶이 시작됐다.

결심이 섰으니 부지런히 실행에 옮길 단계였다. 월세방을 하나씩 게스트룸으로 바꾸기 시작했다. 세입자에게 보증금을 빼주기 위해 대출을 받았다. 리모델링 비용을 최대한 아껴야 해서 절반은 셀프로 작업했다. 외국인 관광객 도시민박업으로 허가받으려면 건물 면적이 230제곱미터(약 69평) 이하에 신청자가 실거주해야 하며, 내국인은 받으면 안 된다. 더 큰 집을 샀다면 아마 시도조차 못했을 터였다. 처음으로, 작은 빨간 벽돌집을 샀던 것이 잘한 선택이라는 생각이 들었다.

그런데 웬걸. 만반의 준비를 했지만, 예약이 들어오지 않았다. 혹여나 예약 문자를 놓칠까, 잠잘 때 스마트폰을 머리맡에 두고 자는 버릇이 생겼다. 한국과의 시차 때문에 보통 밤이나 새벽 시간에 예약 문의가 오곤 해서 알림이 뜨면 곧바로 답장을 보내야 했다. 하지만 대부분 도심까지 얼마나 걸리는지만 묻고는 정작 숙박 예약은 하지 않았다. 아무래도 홍대와 강남 같은 인기 관광지와는 거리가

66

전 세계의 관광객들을 만나며 제 시야도 넓어졌어요.
남편의 월급에만 의존하는 것이 아니라
경제적으로 독립할 수 있게 됐죠.

99

있기 때문이다.

과감하게 전략을 바꾸기로 한 건 그래서였다. 그는 게스트가 도착할 때 무조건 마중을 나가기로 했다. 외국인 관광객의 입장이 되어 생각해보니 그들에게 한국, 그것도 은평구는 정보도 많지 않은 데다 굉장히 낯선 장소였다. 타향에서 은평구를 한번에 찾아오기가 쉽지 않겠다고 생각했다. 그는 예약이 들어오면 꼭 몇 시쯤 어디로 도착할 예정인지 물었다. 따뜻한 인사와 함께 걸으면서 동네의 역사와 지리를 소개했다. 주위에 가볼 만한 시장과 슈퍼마켓, 약국이나 맛집 같은 장소들도 빠짐없이 알려줬다. 직선으로 오면 5분 걸리는 거리가 함께 걸으니 15분이 걸렸다.

한국 문화 알리기에도 나섰다. 자녀와 비슷한 또래의 외국인 부모가 오면 함께 북한산도 가고, 저녁에는 한국식 바비큐 파티도 열었다. 단순한 고객이 아니라 내 집에 온 손님처럼 응대하고 호의를 베풀었다. 홍대나 강남에서는 할 수 없는 숙박 경험이 입소문 나면서 1년 치 예약이 전부 동이 났다.

하지만 빛이 있으면 그림자도 있는 법. 게스트가 몰리자 넘치는 세탁물을 감당할 공간이 부족했다. 안 그래도 비좁은 거실이 수건과 이불을 말리느라 생활을 할 수 없는 지경이 됐다. 샴푸부터 린스, 바디워시, 세제, 화장지까지 소모품을 보관할 공간도 모자랐다. 욕심을 줄이고 방 한 개를 창고로 변경했다. 혼자서 방 네 개를 관리하는데, 한번에 우르르 게스트가 체크아웃을 할 때면 청소하기도 벅찰 지경이었다. 그래서 지금은 최소 4박 이상의 손님들만 받고 있다. 게스트가 오래 머물게끔 할인으로 유도했다. 2주 이상 묵으면 10퍼센트, 3주는 20퍼센트, 한 달을 머물면 30퍼센트를 깎아준다. 게스트와 호스트 모두에게 윈윈인 전략이다.

수익률은 웬만한 월세를 받는 것보다 훨씬 나았다. 자신의 인건비를 투자한 결과다. 가장 걱정이었던 냉난방비도 생각보다 적게 나왔다. 에어컨과 보일러를 24시간 트는데, 매달 15~20만 원 정도 비용이 발생한다. 생각지도 못한 짐은 이불이었다. 가뜩이나 수납공간이 부족한데 이불을 보관할 곳이 마땅치 않았다. 이불은 보통 간절기와 겨울용 두 가지를 마련하는데, 여름에도 에어컨을 틀고 자기 때문에 너무 얇은 이불은 필요 없다. 이불과 수건은 때가 덜 타는 회색 대신에 흰색을 사용하고 있다. 오히려 얼룩이 눈에 잘 보여야 관리가 편하기 때문이다. 집이 어느새 자신의 소중한 직장이 돼버렸다는 그는 웃음 띤 얼굴로 감회의 말을 남겼다.

"지난 10년간 게스트하우스를 운영했어요. 남편의 월급에만 의존하는 게 아니라 경제적인 부분에서 독립할 수 있었죠. 집은 보금자리일뿐 아니라 아이를 키우면서 일할 수 있는 직장이 됐습니다. 전 세계의 관광객들을 만나면서 세상을 보는 시각도 넓어졌어요."

CHAPTER 3

남다른 기준과
노하우를 쌓아라

도전이 고민될 땐 3년 뒤를 그려보라! 47세에 77만 운동 유튜버가 된 주부

유튜브 | 빅씨스(닉네임) 47세 | 월 1,000만 원대(2024년 2월 조회수 기준 예상 수익)

경력 단절을 겪었던 저를 어둠 속에서 구원한 건 운동이었어요.
40대에 운동 유튜버에 도전해 어느새 구독자 77만 명을 모았죠.

⌄

빅씨스는 20대에 뉴욕 패션업계에서 경력을 쌓은 패션 디자이너였다. 보통 뉴요커라고 하면 '집안이 부유한 덕분이겠지'라고 생각할 수도 있지만, 그는 전형적인 자수성가 스타일이었다. 대학 시절 내내 아르바이트를 해서 학비와 생활비를 벌었다. 성인이 돼서도 부모님에게서 경제적인 지원은 일절 받지 않았다. 그런 경험이 무엇이든 스스로 해결하는 힘을 줬고, 자립할 수 있는 원동력이 됐다.

이제 눈앞에 꽃길만 펼쳐지리라 생각했지만 큰 시련이 닥쳤다. 남들보다 조금 늦다고만 생각했던 아이가 발달장애 진단을 받은 것이다. 아이를 직접 돌봐야겠다고 결심했다. 그렇게 이번 생은 이렇게 끝나나 보다 생각했다. 디자이너로서 경력은 단절됐고, 하늘이 무너진 듯 막막했다.

마음이 무너지자, 건강도 급속도로 악화가 됐다. 집안일과 아이를 함께 돌보느라 그나마 없던 체력도 바닥이 났다. 운동에 재능이 없어 몸치에 가까웠지만, 살기 위해서 운동을 시작했다. 무너졌던 몸이 똑바로 서자, 마치 다시 태어난 사람 같았다. 문득, 다른 사람에게도 이 기분을 전하고 싶다는 생각이 들었다.

그렇게 마흔두 살에 운동 유튜버가 되었다. 구독과 알림을 설정하는 방법도 모를 정도로 프로그램을 다루는 데 서툴렀지만, 하나하나 배워갔다. 화려한 스튜디오가 아니라 자신의 방 안에서 요가 매트를 펼치고 촬영을 시작했다. 고가 장비를 사기보다는 사진 찍는 것이 취미인 남편의 오래된 소니 카메라를 활용했다. 남편은 그의 든든한 지원군이 돼주었다. 뉴욕에서 온라인 광고회사를 운영하는 남편이 팔을 걷고 영상 편집을 도왔다. 다수의 국제 광고제에서 상도 받은 전문가의 손길을 거치자 영상의 질이 몰라보게 높아졌다.

큰언니라는 뜻을 지닌 '빅씨스'로 채널 이름을 짓고, 초보자도 쉽고 재미있게 따라 할 수 있는 운동 영상을 만들었다. 구독자를 동생처럼 친근하게 대하면서 소통해나가자 팬들이 점점 늘어났다. 3년 만에 구독자가 60만 명을 넘겼다. 현재는 매달 유튜브 수익만으로 웬만한 직장인 월급보다 많은 돈을 벌고 있다. 경제적인 이익을 기

운동을 시작하며 무너졌던 몸과 마음이 다시 살아나기 시작했어요.
마치 다시 태어난 것 같았어요.
문득, 이 기분을 다른 사람에게도 전하고 싶다는 생각이 들었어요.

대하지 않고 시작한 일이기에 대부분 수익은 촬영 장비를 사거나 장소 대여, 구독자 이벤트 비용으로 쓴다. 최근에는 홈트레이닝 플랫폼을 통해 뉴욕에서 한국의 제자들을 위한 강의 콘텐츠도 찍고 있다.

그는 인생의 갈림길에서 도전을 고민한다면 3년 뒤의 모습을 생각하라고 조언한다. '그때 도전해볼걸'이라는 후회를 남기지 않기 위한 방법이다. 후회를 남기지 않는 도전을 몸소 실천한 그는 마지막으로 언제나 자신의 나이를 잊고 살아야 한다고 강조했다.

"늦은 때는 없다는 게 그냥 하는 말이 아닙니다. 내 육체만 건강하다면 정말 못 할 것이 없는 세상이에요. 저는 운동도 못했고, 컴퓨터도 잘 못 다뤘지만 도전을 멈추지 않았고, 좋은 결과를 냈죠. 아무것도 하지 않으면 아무 일도 일어나지 않아요."

나도 유튜버로 성공할 수 있을까? 77만 유튜버가 전하는 성공 노하우

1. 현실적인 목표로 접근하라

사생활이 노출되는 것을 꺼리는 성격 탓에 빅씨스는 처음부터 유튜버가 되겠다는 생각은 꿈에도 한 적이 없다. 그저 운동이 삶의 질을 얼마나 긍정적으로 바꾸는지 사람들에게 알리고 싶었고, 가장 효과적으로 전달하는 창구가 유튜브였을 뿐이다. 처음엔 얼굴이 안 나오게 할 수 없을까 고민했지만, 불가능하다는 생각에 또 다른 페르소나이자 부캐 '빅씨스'를 만들었다.

2. 수익 창출보다 콘텐츠에 집중하라

돈을 벌기 위해 유튜브를 시작한 것은 아니었기에 '전달하고 싶은 것을 어떻게 제대로 표현할까'에 집중할 수 있었다. 되레 좋은 콘텐츠를 만드는 데만 집중하다 보니 수익까지 생겼다. 취미가 경제적으로 이득이 되는 선순환 구조다. 꾸준히 영상을 만들어간 원동력은 사람들의 댓글이다. 그의 메시지에 공감한 사람들이 운동을 시작했고, 그로 인해 건강한 삶을 살게 됐다는 피드백을 볼 때마다 큰 보람을 느꼈다.

3. 콘텐츠와 채널을 키우려면 소통이 관건이다

유튜브의 강점이자 특징은 소통하며 콘텐츠를 성장시키는 것이다. 그가 초반에 영상을 만들 때만 해도 사람들이 어떻게 받아들일지에 대한 경험과 지식이 부족했다. 그저 '사람들은 이 방식을 더 쉽게 이해할 거야'라는 막연한 상상으로 영상을 만들었다. 이제는 영상 기획 단계부터 구독자의 반응이 예상될 만큼 구독자의 니즈를 파악하고 있다. 이를 가능하게 한 건 전적으로 구독자와의 소통 덕분이다.

위에서 언급한 팁을 키워드로 요약하면 다음과 같다.

- 전문성: 운동 유튜버가 되기로 결심했다면, 운동에 대한 지식과 경험을 쌓는다. 운동 관련 자격증을 취득하거나 전문 교육을 받으면 도움이 된다. 운동을 꾸준히 실천해 운동 능력을 키워나가는 것은 필수다.
- 콘텐츠의 질: 누구를 대상으로 콘텐츠를 제작할지 타깃층을 정한다. 성별·연령·운동 경험·관심사 등을 고려해 타깃을 설정한 뒤 채널의 콘셉트를 잡는다. 운동 초보자를 위한 콘텐츠, 다이어트 콘텐츠, 특정 운동 종목에 대한 콘텐츠 등 다양한 콘셉트를 생각해보자. 이때 자신의 강점을 살려 접근하면 훨씬 수월하다.
- 꾸준함: 장기적 관점에서 콘텐츠를 기획하고 제작한다. 시청자가 재미있게 볼 수 있고, 운동에 도움이 되도록 콘텐츠를 연구한다. 영상의 구성과 편집에도 신경 쓴다. 시청자와의 소통은 무엇보다 중요하다. 그들의 피드백을 바탕으로 콘텐츠를 개선해나간다.

2

해산물 밀키트 라이브커머스 판매로 1시간에 천만 원 매출 올린 귀촌부부

그립 | 구혜정 30세, 배창민 33세 부부 | 월 매출 4,000만 원

우연히 찾은 통영에 반해 이주를 결심했어요.
질 좋은 해산물을 구했지만, 팔 길이 막막했습니다.

∨

부산에서 함께 미대를 나와 결혼한 부부. 아내는 의류업체에서 온라인판매를 총괄하는 MD로 일했고, 남편은 건설사를 다니다 일식집에서 주방장으로 일했다. 주말이면 바쁜 시간을 쪼개 국내 여행을 다니는 것이 삶의 낙이었다. 그러다 우연히 들른 경남 통영에 반했다. 다시 말하자면 신선한 해산물에 반했다는 표현이 정확하다. 바닷가 근처에서 나고 자랐기에 조개나 회는 어릴 때부터 질리게 먹었지만, 통영에서 맛본 해산물은 어딘가 달랐다. 마침 도시 생활에 지쳐가던 차라 어촌에 살고 싶다는 생각이 간절했다. 그렇게

2021년, 잘 다니던 직장을 그만두고 집을 팔아 아무런 연고가 없는 통영에 내려왔다.

생계를 꾸려나갈 방법으로 선택한 건 해산물 밀키트였다. 집에서 혼자 술을 마시는 혼술족과 캠핑족을 겨냥해 간편식처럼 만들면 충분히 승산이 있겠다고 생각했다. 하지만 부부의 수중에는 2,000만 원이 전부였다. 발품을 팔아 월세가 가장 저렴한 가게를 찾아냈고, 사무실이라고 부르기도 민망한 작은 공간을 셀프로 인테리어했다. 해산물을 보관할 중고 냉장고 한 대도 장만했다. 남은 금액은 해산물을 떼 오는 데 쓰기로 했다. 거의 무자본으로 사업을 시작하면서도 '일단 저지르고, 망하면 그때 고민하자'라는 생각뿐이었다.

하지만 뜨내기에게 신선한 해산물을 납품해주는 곳은 없었다. 공급처를 뚫기 위해 매일 새벽마다 통영 수산시장 경매장을 찾았다. 이름 있는 수산업체마다 일일이 전화를 돌렸지만, 낯선 외지인에게 처음부터 제대로 된 물건을 줄 리가 만무했다. 주문하면 상한 해산물이 끼어 있는 것은 애교였다. 어리고 잘 모른다는 이유로 사기도 종종 당했다. 시장에서 파 한 단을 사기 위해 만졌다가 할머니한테 혼나기도 했다. 그 뒤로 시장에 갈 때는 절대로 화장을 하지 않았다. 어려 보이기 싫었기 때문이다.

일단 전략을 우회하기로 했다. 성공적인 사업을 위해선 통영 지역사회에 녹아드는 게 먼저였다. 시장에서 만나는 사람들에게 항상 먼저 인사했다. 조금은 뻔뻔하게 "저 통영 사람이에요. 누구누구 조카예요"라고 자신을 소개했다. 그렇게 1년을 얼굴을 들이밀자 인맥이 점점 늘어났다.

얼굴이 점점 두꺼워졌다. 품질 좋은 멍게를 판매하는 업체를 무작정 찾아가 "제발 저희에게 소량이라도 물건을 떼어달라"고 요청했다. 나중에 알고 보니 그곳은 대기업 마트에만 전문적으로 납품하는 대형 도매업체였다. 20대 젊은 부부가 해산물을 팔겠다고 나서니 신기해 보였는지 "그래, 함 해봐라"며 단숨에 허락받았다. 시장통에서 만난 인연이 멘토가 됐다. 물류 조언도 받고 다른 거래처로도 연결이 됐다.

좋은 물건을 얻었는데 정작 팔 곳이 마땅치 않았다. 그는 의류 MD로 일했던 경험을 살리기로 했다. 2040세대들은 TV홈쇼핑이 아니라 스마트폰 앱에서 라이브커머스를 통해 물건을 구매하는 것에 주목했다. '옷도 팔아봤는데, 까짓것 음식은 못 팔겠냐'는 마음이었다. 플랫폼에 가입하고 처음은 그냥 지켜봤다. 판매 상위권의 셀러들이 판매하는 방식을 보고 배우는 시간이었다.

그렇게 3개월이 지나고 용기를 내 방송을 했지만, 전혀 팔리지 않았다. 미리 사놨던 해산물을 전부 폐기하기도 했다. 버리는 것이 아까워 '해산물 먹방'도 했지만 너무 많이 먹는 바람에 체하는 날도 많았다. '이러다 곧 망하겠다'는 생각이 들었다.

그들이 간과한 것 하나가 있었다. 해산물은 패션이나 다른 상품과 달리 구매까지 넘어가는 문턱이 높다는 사실이었다. 해산물이 정말 신선한지, 맛은 있는지 화면으로는 확인하기 어려웠기 때문이다. 신뢰를 쌓일 때까지 방송을 계속했다. 1주일 내내 하루에 세 번씩 방송했다. 짧으면 30분, 길면 3시간 동안 누가 보든, 안 보든 묵묵히 진행을 했다.

처음 1년은 방송한다고 화장을 했지만, 준비 시간이 길어지자 그만뒀다. 대신 시청자들과 편안한 상태로 수다를 떨었다. 촬영은 다양한 곳을 배경으로 했다. 수산업체, 해녀배, 경매장, 굴양식장… 해산물과 관련 있는 모든 곳이 촬영 스튜디오였다. 중매인과 함께 경매장에 가서 해산물을 사는 모습도 담았다. 작은 화면 속에서는 해산물이 살아 숨 쉬며 펄떡거렸다. 그렇게 해산물의 출고 직전 과정을 전부 실시간으로 보여주면서 신뢰를 쌓았다. 드디어 주문이 들어오기 시작하더니, 후기가 달렸다. 2~3개월이 지나자 단골도 하나둘씩 생겼다. 남편은 일식집에서 배운 기술로 해산물을 손질해 밀키트를 만들었다. 새벽부터 포장하느라 기쁜 밤을 새웠다.

부부가 무엇보다 고집스럽게 신경 쓴 것은 선도 유지였다. 당일 제작 당일 배송을 원칙으로 삼았다. 해산물은 같은 양식장에서 받더라도 바다 상황이나 날씨에 따라 신선함이 다르다. 한번은 가리비 100킬로그램을 주문했는데 그중에서 1~2킬로그램이나 상태가 좋지 않았다. 일일이 골라낼 수도 없어 전부 폐기했다. 눈앞의 이익보다 신뢰가 생명이었다.

두 번째로 신경을 쓴 것은 정량 배송이었다. 인터넷에서 싸게 파

"

통영에는 스타벅스도 하나고, 맥도날드에 가려면 차로 30분을 가야 해요.
하지만 인프라 대신 기회가 열려 있어요.
남편의 아이디어와 시기가 잘 맞아떨어졌던 것 같아요.

"

는 곳은 많지만 정량을 주는 곳은 드물다. 일명 '물치기'(물로 중량을 속이는 것)를 하는 곳이 생각보다 많다. 100~200그램 속이는 것쯤은 일도 아니다. 부부는 해산물은 싼 게 비지떡이라는 생각에 좋은 상품을 제값에 팔기로 했다. 배송 중 만에 하나 상할 것까지 생각해 조금 더 담아주는 것도 숨은 노하우였다. 한번 맛을 본 사람들은 단번에 단골이 될 수밖에 없었다.

최고 효자 상품은 가리비였다. 2022년 10월 말부터 판매를 시작했는데, 라이브 방송에서만 5톤가량을 판매했다. 특가 방송에서는 1시간 만에 매출이 1,000만 원을 찍기도 했다. 입소문이 나면서 그해 겨울에는 가리비로만 한 달에 4,000만 원을 벌었다. 그래도 순수익이 나기까지 7개월이 걸렸다. 해산물을 팔면서 순수익이 나려면 월 매출이 평균 2,000만 원 이상 나와야 한다. 초기에는 자리를 잡기 위해 손해는 보지 않되, 이윤이 거의 남지 않을 정도로 마진을 책정했다. 브랜드를 알리기 위한 일종의 마케팅 비용이었다. 수익이 나면 더 질 좋은 해산물을 공급받기 위해 투자했다.

부부는 시간이 한가할 때마다 밀키트 연구 개발에 공을 들이고 있다. 해산물 비수기인 여름철에는 장어를 손질해 팔았다. 정부와 통영시 청년 사업에도 선정돼 지원받기도 했다. 현재 밀키트 제품은 하루에 최대 300개 이상 팔리기도 한다. 어느새 통영에서 자신만의 블루오션 개척에 성공한 부부는, 어디에 살든 기회는 열려 있다는 말로 인터뷰를 매듭지었다.

"지금도 주위에서 '통영 살 만해? 거기서 뭐 먹고살아?'라는 질문을 받아요. 물론 통영에는 스타벅스도 하나뿐이고, 맥도날드에 가려면 차로 30분을 가야 하죠. 하지만 인프라 대신 기회가 열려 있어요. 지방에는 젊은 사람이 없어 눈에 더욱 띄기 쉽거든요. 남편의 아이디어와 시기가 잘 맞았던 것 같아요. '망하면 그만두면 돼'라며 부딪혀보고 열심히 하다 보면 기회는 항상 온답니다."

3

서울에서 제주 숙소 세 채를 앱으로 관리하는 N잡스

리브애니웨어 | 동작구N잡스 35세 | 월 700만 원

아버지가 노후 용도로 제주에 아파트를 구매하셨어요.
연세를 받았지만 대출이자를 내고 나면 손해였죠.

그는 자신을 평범한 직장인이라고 소개했지만 범상치가 않았다. 본업을 제외하고, 단기임대 숙소 세 채를 운영하면서도 세 가지 직업을 더 가지고 있다. 우스갯소리로 10개 이상의 직업을 가졌다는 개그맨 박명수의 '10잡스'가 그의 롤모델이다.

그가 남다른 '직업 부자'가 된 것은 다름 아닌 아버지 때문이었다. 아버지는 그가 대학생이던 2000년대 초에 그가 받은 장학금과 노후 자금을 합쳐 제주도 서귀포시 표선해수욕장 인근에 아파트 두 채(22평, 26평)를 구매했다. 금액은 2억 원 안팎으로 80퍼센트가 대출

이었다. 당시 표선 지역은 각광받던 관광지는 아니었다. 제주도는 임대를 놓을 때 '연세' 계약을 하는데, 10개월이나 1년 단위로 한번에 금액을 받는 제도다. 당시 아파트 두 채로는 연세를 1,200만 원 정도밖에 받지 못했다. 대출이자를 내고 나면 남는 게 없었다.

세월이 흘러, 코로나가 터지면서 문제가 커졌다. 기업에서 활성화된 재택근무 바람은 국내 여행업계를 강타했다. 2~3박의 숙박보다는 1주일에서 한 달 정도 지내는 여행 수요가 늘었다. 그러면서 덩달아 제주의 아파트 가격이 오르자 전세 제도가 자취를 감춰버렸다. 이 시기에 집주인들이 수익을 내기 위해 매물을 내놓거나, 손바뀜이 일어나면서 월세 전환 수요가 높아졌기 때문이다. 이제 수익을 내려면 기존과는 다른 방식으로 운영해야 한다는 생각이 들었다. 그렇게 그는 아버지를 대신해 직접 단기임대업에 뛰어들었다.

우선 한 채를 시범 삼아 리모델링에 나섰다. 제주까지 자주 오고 갈 수 없어 업체 선정에 애로 사항이 있었다. 초기 비용 대부분은 가구와 전자제품을 사는 데 들었다. 장기간 머물려면 그만큼 채워놓아야 하는 필수품들이 많았다. 65인치 이상의 스마트 TV, 대형 소파, 세라믹 재질 식탁, 전기밥솥, 커피머신, 식기세척기, 세탁·건조기, 무선청소기 등을 500만 원 내외의 예산에서 알뜰하게 구매했다.

서울에 거주하면서 제주 숙소의 예약부터 계약, 입퇴실까지 전부 앱으로 관리했다. 장박으로 게스트를 받으면 청소를 자주 안 해도 된다는 장점이 있었다. 처음에는 당근마켓을 통해 청소 전문업자를

<blockquote>
"
어떤 직업이든 회사에 다니는 한 의지와는 상관없이 은퇴하게 되잖아요.
부수입으로 얻는 돈이 많든 적든,
삶을 주도적으로 살 수 있게 해준다는 점에서 의미가 남다른 것 같아요.
"
</blockquote>

구했고, 2호점을 열 때부터는 은퇴한 아버지가 인근으로 이주해 관리를 도맡았다. 가장 신경 쓴 것은 단골 관리였다. 그의 숙소를 방문했던 게스트가 다시 제주에 올 경우, 숙소에 날짜가 비었다면 임대료를 받지 않고 머물도록 했다. 그렇게 6개월 만에 순수익을 내고, 3호점까지 확장했다. 대출도 전부 상환했다.

순풍에 돛 단 듯 보이는 제주 단기임대 사업에도 복병은 있었다. 다름 아닌 곰팡이였다. 제주에는 4~5월 봄철이 되면 비가 불규칙적으로 자주 내리는데, 고사리가 나는 시기와 맞아 '고사리 장마'라고 부른다. 섬의 습도는 육지와 차원이 달랐다. 3일만 공실이 발생해도 관리가 제대로 안 되면 도배를 다시 해야 할 정도로 곰팡이가 퍼졌다. 제주에서 가장 무서운 것이 '관리비'라는 말을 다시 한번 실감했다. 습기 관리만 잘해도 단기임대 운영을 잘하고 있다고 말할 수 있을 정도다. 여름철에는 에어컨을, 겨울철에는 보일러를 아낌없이 트는 것이 오히려 돈을 아끼는 비결이다.

그렇다면 제주에서 단기임대를 위한 숙소를 고를 때 어떤 점에 유의해야 할까. 그는 지금 떠오르는 관광지보다 지역적 특색을 파악하라고 강조한다. 또한 단기임대 거주자가 실생활에 불편함이 없도록 인프라가 갖춰진 곳이 좋다. 아파트를 구매한다면 반드시 도시가스인지 LPG인지 확인한다. 관리비 차이가 크기 때문이다. 주차 공간도 중요하다. 옛날에 지어진 아파트는 1세대 1주차가 안 되는 곳도 많기에 유의한다. 인근에 대형마트와 술집, 맛집 상권이 있는

지도 확인해두면 좋다. 아무래도 제주도의 매물을 알아볼 때 가장 큰 어려움은 임장을 자주 갈 수 없다는 점이다. 대부분 유튜브나 중개 홈페이지를 통해 보고 주말에 몰아서 탐방하는데, 막상 주말에 가보면 괜찮은 집은 금방 나가 허탕 치는 일이 다반사다.

최근 코로나가 해제되고 다시 해외여행이 늘어나면서 제주 여행 트렌드도 변화하고 있다. 일과 관광을 동시에 하는 워케이션 수요와 아이와 함께 머무는 가족, 퇴직을 앞둔 이들이 주로 이곳을 찾는다. 호스트를 하면서 그의 인생도 많이 달라졌다. 무엇보다 1호점으로 얻은 작은 성공이 아버지와 아들에게는 작지만 새로운 희망이 됐다.

"저희 아버지는 금융권 대기업에서 정년으로 퇴임하셨어요. 회사에서의 직급과 월급으로 대변되던 본인의 모습이 사라지자 우울해하셨죠. 이제는 저와 함께 인생 2막을 열고 계십니다. 승진이 빨랐거나 좋은 회사로 이직을 한 동료들도 결국에는 모두 회사 월급에 기대 살잖아요. 수입이 많든 적든 삶을 주도적으로 살 수 있게 됐다는 점에서 제게도 의미가 남다릅니다."

호텔리어의 노하우로
나만의 호텔에 도전하다

삼삼엠투 | 리나(닉네임) 38세 | 월 수익 800~900만 원

'노란색 자판기 문'을 만드는 것이 예상보다 비쌌어요.
하지만 게스트하우스 홍보 비용이라고 생각을 전환하면 싼 편이죠.

그는 20대부터 일본의 5성급 호텔에서 호텔리어로 일했다. 한국으로 돌아와서는 대기업에서 직장 생활을 이어갔다. 사회에서 인정받으면서 누구보다도 열심히 인생을 살고 있다고 자신했지만, 언제부터인가 계속 무언가에 쫓기는 기분이 들었다. 그러다 병이 나면서 깨달았다. '내가 나의 시간을 팔아서 돈을 벌고 있었구나.' 곧바로 시간에 얽매이지 않고 소득을 올릴 수 있는 방법을 찾다 부동산투자를 시작했다. 아파트부터 오피스텔, 고시원까지 조금씩 자산을 늘렸다. 어느 순간 본업보다 현금흐름이 많아지자 회사에 사표를 냈다.

그의 마음속에 품은 오래된 꿈이 하나 있었다. 바로 '나만의 호텔'을 가지는 것. 때마침 부산에서 예산에 딱 맞는 게스트하우스 매물을 발견했다. 서울에 거주하면서 관리하는 게 가능할지 걱정됐지만, 실제로 임장을 다녀와 보고는 되겠구나 확신했다. 부산은 제2의 도시이자 국내 대표 관광지기에 출장과 관광 수요가 꾸준할 터였다.

1층은 상가, 2층부터는 게스트하우스로 운영 중인 건물을 2억 원에 매입했다. 워낙 연식이 오래돼 대대적인 리모델링이 필요했다. 취득세와 인테리어 견적을 합치니 또 2억 원이 필요했다. 건물 가격만큼 예상치 못한 지출이 발생했다. 비용을 줄이기 위해 발품을 팔아 직접 직영으로 공사를 진행했다. 철거, 목공, 전기 등 공정별로 업체와 만나 계약했다. 무조건 저렴하다고 덥석 계약하는 것은 하수다. 업체를 선정할 때 '말이 잘 통하는지', '대금 처리를 투명하게 진행하는지'를 중요하게 봐야 한다. 이런 기준으로 공사를 진행하니 오히려 시간과 비용이 절감됐다. 그렇게 방 한 개당 300만 원에 리모델링을 해결했다.

다른 게스트하우스와의 차별화된 인테리어 포인트를 고민하다, 입구의 문을 노란색 자판기 모양으로 만들기로 했다. 크기에 맞는 실제 제품을 구할 수 없어 업체를 찾아 의뢰했다. 그렇게 레트로한 디자인이 탄생했다. 자판기 안에는 나무 막대가 달린 열쇠도 넣었다. 노란색 문을 열면 이색적인 공간으로 넘어가는 경험을 방문객에게 선사하고 싶었다. 관광객들이 이곳을 자연스럽게 포토존으로 이용하면 SNS에서 홍보 효과를 톡톡히 누릴 수 있을 터였다. 자판기 문을 만드는 데만 260만 원이 들었지만, 홍보 마케팅 비용이라고 생각하면 매우 저렴했다.

5월에 시작한 공사는 여름 휴가철인 7월에 맞춰 끝이 났다. 이제 본격적으로 운영을 시작할 차례였다. 체력은 이미 바닥났지만, 마음은 두근거렸다. 역시, 입소문 효과가 탁월했다. 그의 게스트하우스는 혼자 여행하는 여성과 커플들이 주요 타깃이었다. 꺼림칙한 모텔이나 비싼 가격대의 호텔이 부담스러운 이들에게 감각적인 디자인과 중간 가격대의 비용으로 승부를 볼 심산이었는데, 그것이 주효했다.

하지만 모든 게 순탄하지만은 않았다. 사진만 보고 계약이 진행되다 보니, 입주 당일에 직접 방을 보고 나서 "사진과 다르다", "머리카락 한 올이 발견돼 청결하지 않다"는 불만을 제기하는 사람들도 있었다. 그는 입주 당일 불만이 발생하면 즉시 환불해주고, 다음 계약을 받는 데 집중했다. 당장의 몇만 원보다 불필요한 에너지 소모로 인한 시간 낭비가 더 손해였다. 원거리에서 운영하기 때문에 즉각 대처를 못 한 적도 있었다. 도어락의 건전지가 다 떨어졌을 때는 급한 대로 게스트가 자비로 구매하게 한 뒤 처리한 적도 있었다.

때로는 호텔리어로 일하면서 얻은 노하우를 접목하기도 했다. 오전 10시에 퇴실하는 게스트들에게 '굿 바이 티'(good bye tea)를 제공

언젠가는 (지금보다) 큰 규모의 객실을 갖고 싶어요.
자신의 그릇 크기에 한계를 정하지 않고
꾸준히 시도할 계획입니다.

했다. 호텔에서 체크인할 때 환영의 의미로 '웰컴 티'를 주는 것처럼, 따뜻한 배웅의 의미를 담았다. 또한 머무는 동안 불편한 점이 있었는지 물으며, 하나하나 개선해나갔다.

서울에서 원격으로 부산 게스트하우스 운영이 가능하도록 시스템도 만들었다. 이 플랫폼을 통하면, 예약부터 결제까지 전부 자동으로 진행돼, 시간과 장소에 얽매이지 않고 관리를 할 수 있다. 노하우가 쌓이는 만큼 사업도 궤도에 올랐다. 성수기에는 1층 상가 월세를 포함해 1,500만 원의 매출이 나왔다. 대출이자와 고정비를 제외하고, 한 달에 800~900만 원가량의 순수익이 발생했다. 현재 그의 목표는 3~4년 안에 투자금을 전부 회수하는 것 그리고 최종 목표는 자신의 이름을 건 호텔을 만드는 것이다. 목표를 현실로 만들기 위해 그는 오늘도 고군분투 중이다.

"호텔리어로 일했던 경험이 임대업에 도움이 됐어요. 이제는 임대업을 하며 쌓은 경험을 호텔 운영에 활용할 계획입니다. 언젠가는 50개 규모 객실을 갖고 싶어요. 자신의 그릇 크기에 한계를 정하지 않고 꾸준히 시도할 계획입니다."

5

전세 사기 뉴스를 보며 프리미엄 고시원의 가능성을 보다

삼삼엠투 | 박성민 38세 | 월 1억 원

전세 사기 이슈로 프리미엄 고시원이 뜨겠다 생각했어요.
1주일 단위로 쪼개서 임대하면 고수익을 낼 수 있죠.

⌄

박성민 씨는 평생을 축구만 하던 스포츠인이었다. 초등학교 3학년 때 체육 선생님의 권유로 처음 축구를 시작해, 경기대학교 축구팀에서 선수 생활을 마쳤다. 이후에는 유소년 대표팀의 코치를 했던 경험을 살려 유소년 축구 클럽을 열었다. 워낙 아이들을 가르치는 것을 좋아해 금세 자리를 잡았다. '남은 축구 열정을 모두 쏟아붓겠다' 다짐했건만, 코로나로 인해 그의 인생은 180도로 바뀌었다. 정부의 집합 금지로 아이들이 모이질 못하니 축구 클럽은 개점휴업 상태가 됐다. 문을 열지도 닫지도 못하는 상황이 길어지자, 그는 부동산으로 관심을 돌렸다.

당시 주목한 것은 고시원이었다. 고시원은 큰 공간을 쪼개서 수익을 높이는 방식이고, 단기임대는 7일에서 한 달가량 시간을 쪼개서 수익을 높이는 방식이다. 하루이틀이 아니라 장기간 머무는 사람들에게 모텔은 불편하고, 호텔은 가격 부담이 크다. 고시원에 단기임대 방식을 도입하면 승산이 있을 것 같았다. 때마침 코로나로 권리금이 없거나 권리금을 낮춘 매물이 나오자, 가지고 있던 자산을 전부 끌어모았다. 아파트 담보대출에 신용대출까지 그야말로 '영끌'이었다. 그렇게 경기도 분당에 있는 39호실 규모의 고시원을 인수했다. 총투자금은 8,000만 원. 권리금 3,000만 원에 보증금 5,000만 원이 깔린 매물이었다. 별다른 인테리어는 하지 않았다.

그곳은 공실 없이 운영되던 고시원이었다. 중개인의 말로는 그랬다. 그런데 인수하고 나서 보니 웬걸. 39호실 중에서 27호실이 공실이었다. 권리금은 이미 중간에서 중개인이 떼먹은 상태였다. 시작부터 손해가 막대했다. '이대로 망하겠다'라는 생각에 잠을 못 이뤘다. 뭐라도 해야 했다. 우선 블로그와 카페 홍보를 벌여 두 달 만에 공실을 채워 급한 불을 껐다. 하지만 곧바로 문제가 발생했다. 뜨내기들이 많이 머물다 보니 나가면서 실랑이를 벌이는 일이 잦아졌다. 첫 번째 매물부터 온갖 마음고생을 겪은 그는 전략을 바꾸기로 했다. 경제적인 여력이 있는 고객을 타깃으로 한 프리미엄 고시원으로 방향을 틀었다.

이대로는 망하겠다는 생각에 잠을 못 이룬 때도 많았어요.
위치보다는 나에게 맞는 매물이나 지역의 특성을 파악하는 것이 중요해요.
지금은 초기 창업자들을 위해 강의도 하고 있죠.

프리미엄 고시원은 매력이 분명했다. 1인 가구가 꾸준히 늘고, 전세 사기가 많아지면서 프리미엄 고시원의 진가는 더 높아질 터였다. 마음먹기가 무섭게 그는 수도권에서 보증금 5,000만 원 정도만 가지고 인수할 수 있는 매물을 찾았다. 강남권에서는 권리금을 포함해 3억 원 미만의 투자금으로 인수할 수 있는 고시원이 없었지만, 수도권과 지방에는 권리금 없이 보증금 3,000만 원 수준에서 계약할 수 있는 고시원이 있었다.

1호점의 실패를 반면교사 삼아 인수 후 2개월은 인테리어에 신경 썼다. 관건은 비용이었다. 호실이 워낙 많아 인테리어업체에 맡기면 비용이 1억 원까지 발생했다. 비용을 절감하기 위해 직접 발품을 팔아 공사를 진행했다. 바닥부터 벽지와 가구까지 모든 자재를 직접 구매하고 각 공사 파트마다 인부를 직접 고용해서 공사를 진행하니 절반 가격에 인테리어가 가능했다. 고시원이 아닌 부티크 호텔처럼 느껴지도록 입구부터 복도까지 전부 간접 조명을 달고 바닥은 대리석 자재를 사용했다. 공사가 끝난 뒤, 만실을 채우는 데 평균 2~3개월이 걸렸다. 그렇게 인천, 일산, 울산 등 순차적으로 지점을 늘려가 지점이 여섯 개에 이르렀다. 꼬박 4년 만이었다.

지점은 늘어났지만, 오히려 시간적으로는 여유가 많아졌다. 청소와 운영을 직접 하며 노하우를 익힌 뒤로는 지점마다 매니저를 둬 운영을 자동화했다. 1주일에 한 번 정도만 방문해 시설을 점검하고 있다. 계약부터 정산까지 플랫폼을 통해 비대면으로 진행해 게스트들과 실랑이를 벌일 일도 없다.

하지만 어떤 일에도 애로 사항은 있는 법. 가장 큰 문제는 누수였다. 여름철에 누수가 발생하면 수리비도 수리비지만, 공사하는 동안 공실이 생겨 손해가 커졌다. 그래서 매물을 고를 때 가장 중요하게 보는 것은 누수 여부다. 고시원을 인수하기 전, 천장에 누수 흔적이 있는지 꼼꼼히 살핀다. 고시원이 있는 층뿐만 아니라 가능하다면 아래층까지 꼼꼼하게 살펴보고, 혹시 아래층 사람을 만날 수 있다면 과거에 누수가 발생한 적이 있는지 직접 물어보고 체크한다.

이 밖에 고시원 매물을 선택할 때 유의할 점은 무엇일까. 의외로 건물의 노후도나 지역 접근성은 고시원을 운영하는 데 크게 상관이 없다. 중요한 것은 건물의 벽체다. 벽체를 두드려보고 석고보드로 된 곳은 피하는 게 좋다. 석고보드는 방음이 전혀 되지 않기에 이왕이면 벽돌 구조로 된 곳을 고른다. 내부구조는 원룸으로, 방 안에 개인 화장실이 있는 곳을 선택한다. 이런 구조는 입주자의 선호도가 더 높을 뿐 아니라, 나중에 매도하기에도 수월하다. 투자 지역은 직장인과 외국인 수요가 많은 강남과 홍대가 좋지만, 그만큼 또 인수 가격이 높다. 도심 지역은 어디서든 단기임대 수요가 있다. 깨끗한 인테리어나 여성 전용 고시원 등 전략적으로 특색 있게 운영하면, 꼭 역세권이 아니더라도 공실 없이 운영이 가능하다.

고시원의 매력은 그 희소성에 있다. 소방안전법이 강화되면서 고시원을 신축해서 허가받기가 사실상 불가능해졌다. 새 기준에 맞춰 주차시설과 공용시설을 마련하면 수익을 내기 어렵기 때문이다. 신규 공급은 줄어드는데, 수요는 점점 늘다 보니 환금성이 높은 편이다. 지점당 평균 월 2,000만 원 정도의 매출이 발생하는데, 고정비를 제외하면 50퍼센트가 순수익이다. 장기 고객을 받으면 몸은 편하지만, 수익률을 더 높이기 위해 1주일에서 한 달 동안 거주하는 단기임대 고객을 받으며 운영하고 있다. 예를 들어, 기존 월세 계약으로 60만 원을 받는 매물이 있다면, 단기임대로 1주일 단위 고객을 받으면 1박당 3만 원을 받을 수 있다. 30일을 꽉 채우면 최대 90만 원으로, 월세 계약보다 수익률을 50퍼센트 이상 더 낼 수 있다. 앞으로 고시원 브랜드를 10호점까지 늘리는 게 목표라는 그는 확신에 찬 어조로 마지막 말을 남겼다.

"평생 축구만 하던 사람이 낡은 고시원을 운영하겠다고 하니 주변에서 반대가 컸어요. 하지만 저는 관점을 바꿨어요. 건물주도 좋지만 돈 잘 버는 임차인도 괜찮습니다. 앞으로는 초기 창업자들을 위한 강의나 컨설팅 쪽 비즈니스도 점점 비중을 늘려갈 예정입니다."

고시원 운영, 이것만은 알아두자

1. 고시원 매물 정보는 포털 사이트와 온라인 커뮤니티에 있다

고시원을 시작하려고 할 때 고시원을 운영하는 지인이 있지 않은 이상, 중개사를 소개받기 어렵다. 부동산중개소 대신 포털 사이트를 이용해보자. 네이버 창에 '고시원 매매'를 입력하면 40여 개의 고시원 전문 부동산이 검색된다. 더 자세한 정보를 알고 싶다면, 네이버 카페 '아이러브고시원'에 가입한다. 이 카페는 회원수 9만 3,000명(2024년 1월 23일 기준)에 달하는 국내 최대 고시원 커뮤니티다. 이곳에서 각종 창업 정보와 법률 상담, 원장과의 직거래까지 가능하다. 커뮤니티 내에서 활동하는 협력 부동산에 문의하는 것도 한 방법이다.

사단법인 대한고시원협회가 운영하는 네이버 카페도 있다. 2020년 개설한 신생 카페로, 회원수는 2,300여 명(2024년 1월 23일 기준)이다. 기존 고시원 중개시장은 폐쇄적이라서 초보자는 권리금 사기를 당하기 쉽다. 이 점이 걱정된다면 협회 전속 부동산인 '꼬모쉐 공인중개사무소'를 이용해보자. 이곳에서는 인테리어팀과 마케팅팀을 둬 예비 창업자들이 리스크를 최소화하면서 단기간에 만실을 채우고 안정적인 운영을 하도록 돕고 있다.

마음에 드는 고시원 매물을 발견했다면, 인수를 결정하기 전에 카페에 올라온 게시물 2년 치를 전부 읽어보자. 뿐만 아니라 고시원 매물을 보는 방법, 피해야 할 물건 선별 능력, 수익률 계산 방법 등 사전에 최대한 정보를 파악해야 리스크를 줄이며 창업할 수 있다.

2. 고시원 매물의 지역과 위치는 중요하지 않다

매물이 집에서 가까우면 관리가 쉬운 건 사실이다. 하지만 만실만 채우면 그 후에는 자동으로 굴러가기 때문에, 거리가 멀어도 충분히 관리할 수 있다. 보통 고시원 인수 후 인테리어부터 만실을 채우기까지 2~3개월의 기간이 걸리는데, 그 기간만 집중하고 나면 관리자를 두고 편하게 운영할 수 있다. 관리자를 두지 않을 때는 1주일에 한 번씩 출근하면 된다.

지역은 꼭 대도시가 아니어도 괜찮다. 아무리 인구가 적고 수요가 부족한 곳이라도 전략과 콘셉트를 잘 짜면 방 30~40개는 채울 수 있다. 연평균 수익률 80퍼센트 이상을 노린다면, 노후 고시원을 저렴하게 인수하는 전략을 세운다. 명도를 끝낸 뒤 인테리어 비용을 낮춰 프리미엄 고시원으로 만들면 비싼 가격에 방을 팔 수 있다. 2~3개월 동안 시간을 내기 힘들거나 직장인이라면, 현재 안정적으로 운영하는 고시원을 권리금 시세에 맞게 지불하고 인수하는 방법도 있다. 투자금 대비 연평균 30퍼센트의 수익률이 가능하다.

3. 똑같아 보여도 타입마다 다르다

고시원의 종류는 크게 원룸, 샤워룸, 미니룸 세 가지로 나뉜다. 원룸은 방 안에 변기와 샤워시설을 갖춘 일반적인 원룸 타입이고, 샤워룸은 방 안에 샤워시설만 있고, 변기가 없어 공용 화장실을 사용하는 타입이다. 미니룸은 우리가 흔히 아는 고시원으로, 방 안에 개인 화장실이나 샤워시설이 없고, 공용으로 사용하는 타입이다. 이 밖에 원룸과 샤워룸, 미니룸이 층마다 섞인 곳도 있다. 이런 곳은 혼합룸 고시원이라고 부른다.

원룸	**장점**	장기 거주를 원하는 수요가 많아 입실료를 많이 받을 수 있다. 공용 공간이 주방밖에 없어 관리도 수월하다.
	단점	매물이 귀해 인수 금액이 비싸다. 각방 배관이 연결돼, 한 호실에서 물티슈나 이물질 때문에 변기가 막히면 전체 방으로 역류될 위험이 크다. 고시원 특성상 방이 매우 좁다. 샤워 공간이 방 안에 있어 습기가 빠져나가기 힘들다. 벽지에 곰팡이가 자주 생기고 아래층에 누수 문제가 발생할 수 있다.
샤워룸	**장점**	원룸보다 인수 금액이 저렴한 편이다. 공용 공간이 화장실과 주방뿐이라서 미니룸보다는 관리가 수월하다.
	단점	원룸과 미니룸이 섞인 형태로 포지션이 애매하다. 방 안 샤워실까지 퇴실 청소를 해야 해서 힘들다. 공용 화장실도 자주 청소해야 해서 손이 많이 간다.
미니룸	**장점**	인수 금액이 매우 저렴하고, 방 청소가 쉽다. 방 안에 샤워시설이 없어 습하지 않다.
	단점	입실료가 저렴해 취약 계층이나 뜨내기 같은 단기 거주자가 대부분이다. 쌀이나 김치, 라면을 제공하는 곳의 경우 재료 소진이 빠른 편이다. 화장실이 방 안에 없다 보니 사람들이 자주 들락거리고 생활 소음 민원이 많다. 공용 공간이 자주 더러워져서 신경을 많이 써야 한다. 옛날에 지어진 건물이 많아 신소방법이 적용되지 않았다. 나무 문에, 방과 방 사이가 합판으로 지어져 방음에 취약하다.

※참고※

신(新)소방법(다중이용시설의 안전관리에 관한 특별법 시행규칙)은 서울 종로구 국일고시원 화재(2018년 11월 9일)의 재발을 막기 위한 조치다. 신소방법에 따르면, 2009년 이전부터 영업해온 고시원 또는 영업 개시일과 관계없이 간이스프링쿨러를 의무적으로 설치해야 한다. 그 밖에 주요 내용으로, 피난유도선 의무 설치를 명시했다. 피난유도선은 햇빛이나 전등불에 따라 낮에 빛을 모아 밤에 빛나도록 하거나 전류에 따라 빛을 내는 유도체로, 피난을 유도할 수 있도록 띠 형태로 설치해야 한다.

내부 통로 설치 기준은 복도 양쪽 옆으로 늘어선(중복도) 방의 경우 폭은 150센티미터 이상, 한쪽에만 방이 있는 형태(편복도)는 120센티미터 이상이 되어야 한다. 복도는 세 번 이상 구부러지면 안 된다. 복도 설치 기준은 2009년 5월 15일 이후 신축 고시원에만 적용된다. 기존 고시원이 내부구조를 변경할 경우, 중복도를 150센티미터 이상으로 해야 한다.

4. 고시원을 밸류업하면 수익이 극대화된다

자금 상황에 따라 적합한 고시원을 인수했다면, 적정 입실료를 결정한다. 보통 노후 고시원의 경우(서울 기준) 원룸은 평균 40만 원, 미니룸은 20~30만 원을 받는다. 하지만 고시원을 밸류업할 경우 40만 원을 받던 입실료를 70만 원 이상 받을 수 있다. 고시원에서 최상의 매물은 '서울·올 원룸'이다. 원룸과 미니룸은 입실률에서 큰 차이가 있다. 원룸은 전화 문의로 열에 여덟이 계약하지만, 미니룸은 계약률이 30퍼센트 미만이다. 그만큼 원룸 선호도가 높다.

그렇다면 적정 임대료는 얼마일까? 강남 지역은 방당 20만 원 정도, 다른 지역은 방당 10만 원 정도의 월세가 건물주에게 돌아간다. 최근 들어, 전세 사기 영향으로 고시원 수요가 높아져 임대료가 상승하고 있다. 임대료가 비싸다면 매매로 인수해 은행 이자를 내는 것도 한 방법이다. 임대료를 내는 것보다 비용 절감이 가능하다.

5. 빈대는 예방이 가장 중요하다

최근 수도권에 빈대가 창궐하는 바람에 고시원업계가 직격탄을 맞았다. '빈데믹'(빈대+팬데믹)이라는 신조어가 나올 정도다. 외국인의 수요가 많은 곳인 만큼 빈대가 발생하지 않도록 철저한 관리가 필요하다. 빈대가 나오면 모든 방의 벽지와 장판을 전부 뜯어내고 방역을 한 뒤에 다시 시공해야 한다. 그만큼 비용 출혈이 크기에, 유럽 출신 입자를 받지 않는 고시원들도 있다. 관할 보건소의 빈대 지침서를 지키고, 세스코와 같은 방역회사를 통해 예방하는 것만이 최선이다.

6. 이미 프리미엄이 대세다

현재 고시원 수는 수도권에만 약 6,000여 개, 전국으로는 1만여 개 정도다. 수요는 늘어나는데 고시원 수는 제자리다. 소방법이 강화됐기 때문이다. 소방법 기준에 맞춰 고시원을 지으면, 기존에는 건평 100평(330제곱미터)을 기준으로 방이 40개가 나왔지만, 지금은 17~18개 정도밖에 나오지 않는다. 게다가 고시원을 신설하려면, 평당 350만 원의 인테리어 비용이 필요하다. 100평을 기준으로 했을 때 인테리어 비용만 3억 5,000만 원이 들고, 임차보증금과 권리금까지 합하면 5억 원 이상의 비용이 필요하다. 투자금은 많은데 수익률은 현저히 떨어져 신축을 선뜻 결정하기 쉽지 않다. 결국 기존에 있던 수도권의 6,000개 고시원 매물을 놓고 매수·매도가 이루어지고 있는 현실이다.

반면에 투자 수요는 더욱 높아져, 부동산시장이 위축되고 금리가 오르는 상황에서 현금흐름을 확보할 수 있는 대체 투자 상품으로 각광받고 있다. 과거 코로나 시절에는 수요가 많은 강남과 홍대 쪽도 공실이 많았다. 수도권 고시원들도 매달 300만 원 이상씩 손실이 나던 상황이었다. 무권리로 매도 물량이 쏟아져, 당시 투자자들은 골라서 매수하기도 했다. 하지만 지금은 완전히 매도자 우위 시장이다. 마이너스 나던 노후 고시원들도 전부 만실이다. 무혈 입성하던 시기는 끝났다.

7. 지금 투자한다면 '이곳'을 노려라

결론부터 말하자면 지역은 무조건 서울 강남 3구(강남·서초·송파)와 마포구다. 일단 수요가 많고 입실료를 높게 책정해도 거부감이 없다. 예전에는 수도권이면 어느 지역이든 단기 거주를 원하는 수요가 있었다. 보증금이 낮고 언제든 계약 해지가 가능하기 때문이다. 일반 다가구 원룸의 월세보다 고시원 입실료가 비싸도 입실자를 채우기는 수월했다. 그러나 프리미엄 고시원 사업이 떠오르다 보니 전체적으로 시장이 상향평준화됐다. 4년 전만 해도 프리미엄 고시원은 희소성이 있었지만, 최근에는 경쟁업체들이 많아져 최신 시설 매물을 골라서 갈 수 있을 정도가 됐다. 이제는 수요가 많은 서울을 공략하거나 여성 전용 고시원을 연다거나 2030세대를 공략하거나 하는 특화된 전략이 필요하다.

최근 새롭게 주목받는 아이템은 망한 여관이나 모텔, 여인숙을 개조하는 것이다. 심하게 노후화돼 장사가 되지 않는 매물을 무권리나 낮은 권리금에 매수한 뒤 가치를 높이는 방법이다. 고시원 권리금이 천정부지로 치솟는 상황에서 대체 상품으로 떠오르고 있다. 일반 고시원처럼 한 달씩 방을 파는 구조로, 일반 고시원보다 방의 규모가 크기 때문에 금액을 비싸게 받을 수 있다. 게다가 기존 고시원에서는 제약이 있었던 에어비앤비를 합법적으로 할 수 있다. 보통 모텔의 방 개수가 20~30개다 보니 관리하기도 쉽다.

8. 매물을 보러갈 땐 입실할 사람처럼 행동하라

고시원 매물을 보러 갈 땐, 매수자가 아니라 고시원에 방을 구하러 온 사람처럼 행동해야 한다. 이유는 간단하다. 매수자로 찾아가면 매도인은 자신이 소유한 고시원의 가치를 높게 평가해 매매 금액을 계속 올려버리기 때문이다. 옷을 너무 차려입지 말고, 고시원에 살고 있는 사람처럼 편한 복장으로 가는 것도 방법이다. 고시원 매물을 보러 갔을 때는 누수 여부, 방음, 입실자 수를 철저하게 확인하는 게 중요하다. 고시원 매물을 보러 갈 때 '꿀팁 세 가지'를 소개한다.

① 누수 여부는 여름 장마철을 겪거나, 일정 기간 운영한 뒤에야 뒤늦게 파악되는 경우가 대부분이다. 매매나 계약 전에 복도나 방 천장에 누수 흔

적이 있는지 꼼꼼하게 확인한다. 고시원 아래층에 영업장이 있다면, 위층에서 현재 물이 새거나 과거에 샌 적이 있는지 물어보는 것도 좋다.

② 방음은 방과 방 사이를 두드려보면 알 수 있다. 방음에 취약한 합판이나 석고보드 대신 방음이 잘되는 단단한 재질의 벽돌이나 ALC블록(경량기포콘크리트)으로 지어진 곳을 선택한다.

③ 입실자 수는 가장 중요한 체크리스트다. 실제 인원수 따라 권리금과 순수익이 결정되기 때문이다. 단기 거주가 많은 고시원의 특성상 하루하루 오고 나가는 인원의 변동이 크다. 입실자 수를 속이는 것도 가능하다. 고시원 매물이 마음에 든다면, 주인이 없는 밤늦은 시간에 찾아가 신발장을 열어보거나, 내측 창문으로 불이 몇 개가 켜졌는지 확인해보면 어느 정도 가늠할 수 있다.

고시원은 초기 3개월을 버티는 것이 관건이다. 다른 사업에 비해 초기 투자금이 굉장히 많이 들어갈 뿐만 아니라, 리모델링을 끝내도 초반에 만실을 채울 때까지 3개월 동안은 마이너스 신세다. 마케팅 노하우 없이 섣불리 도전했다가 권리금도 제대로 못 받고 포기하는 이들도 다수다. 다양한 채널을 통해 정보를 얻고, 컨설팅을 구해 실패 확률을 줄이길 추천한다.

6

이색적인 콘셉트 파티룸으로
1년 사이 4호점을 거머쥐다

스페이스클라우드 | 장신재 33세 | 지점당 월 매출 200만 원

자신만의 콘셉트가 없으면 공간대여는 성공 못 해요.
적정한 임대료를 맞추는 것도 관건이죠.

∨

무역을 전공한 장신재 씨는 외국계 수출입회사에서 일을 했다. 번듯한 직장을 다녔지만, 조직 생활이 맞지 않았다. 이후에 마케팅회사로 이직했지만, 일이 익숙해지자 금세 흥미를 잃었다. 다른 직업을 고민하다, 작가가 되기 위해 카카오 브런치 스토리에 콘텐츠와 관련된 에세이를 연재하기도 했다. 30대를 앞두고 사춘기가 온 어느 날, 한 모임에 초대받았다. 그리고 파티룸이라는 것을 처음 알게 됐다.

파티룸은 시간 단위로 공간을 대여하는 사업이다. 지하상가나 자리가 좋지 않아 세가 나가지 않는 곳도 콘셉트만 있으면 대여가 된다. 권리금이 없는 매물을 찾으면 곧바로 수익으로 전환되는 것도 장점이다. 파티룸 초기에는 주로 이벤트 모임의 공간으로 이용됐지만, 최근에는 일상 공간으로 탈바꿈하고 있다. 저렴해진 가격에 개인 스튜디오 촬영, 브라이덜 샤워, 연인들의 데이트 코스, 계모임 공간 등 활용 방법도 다양하다. 그는 '세상에 이렇게도 돈을 벌 수 있구나' 충격을 받았다.

그렇게 2019년 퇴사를 결심했다. 곧바로 서울시 동작구 이수 지역에 옥탑 공간을 빌렸다. 보증금 1,000만 원에 월세는 60만 원이었다. 주변의 공간과 비교해 상대적으로 저렴한 데다 권리금도 없었다. 작가로 활동하기 위해 책을 쓰는 작업실로 활용하면서, 비는 시간에 모임을 주최해 열면 수요가 있겠다는 생각이 들었다. 좀 덜 쓰고 더 아끼면 까짓것 임대료 60만 원 정도는 내겠지, 하는 얼마쯤의 호기도 있었다. 그야말로 큰 욕심 없는, 작은 출발이었다.

그는 옥상이라는 공간이 가지는 매력을 그대로 살리기로 했다. 도심 한가운데서 낭만을 즐긴다! 별다른 홍보도 하지 않았는데, 첫 예약이 들어왔다. 공간에 대한 후기가 달리자 금세 한 달 스케줄이 가득 찼다. 물이 들어오는 것을 느끼자 노를 저었다. 3개월 만에 투자금을 회수해 곧바로 2호점을 열었다. 그렇게 눈코 뜰 새 없이 열일하다 보니 1년 사이에 4호점까지 파티룸을 확장했다.

네 개의 공간은 전부 콘셉트가 달랐다. 2호점은 아지트 같은 분위

초기의 파티룸은 특별한 이벤트를 위한 곳이었지만
지금은 촬영, 브라이덜 샤워, 데이트, 모임 공간 등
일상적인 공간으로 탈바꿈하고 있어요.
그걸 보고 '세상에 이렇게도 돈을 벌 수도 있구나!' 충격받았죠.

기의 넓은 지하 공간, 3호점은 다락방같이 아기자기한 분위기, 4호점은 앤티크한 응접실로 꾸몄다. 공간대여는 문턱이 낮은 편이지만, 그렇다고 쉽게 수익을 내기는 힘들다. 파티룸 한 곳만 운영해서는 이용 시간이 한정적이기 때문에 매출 상승이 제한적이다. 공간도 유행에 따라 계속 리모델링이 필요하다. 남을 흉내 내기보다는 자신만의 독창적인 무언가가 있어야 롱런할 수 있다. 다행히 입소문이 나면서 체인점을 내고 싶다는 문의가 쇄도했다.

한동안 행복한 고민으로 가득한 나날을 보냈다. 하지만 공간이 많다 보니 예상치 못한 문제들도 속속 터져 나왔다. 침수, 정전, 파손 등이 그것인데, 급할 때는 심부름 서비스 앱을 이용해 해결한다. 이럴 때를 위해 동네마다 다양한 해결사와 연락망을 만들어두는 게 중요하다. 부동산 건물주와 관계를 잘 맺는 것도 마찬가지로 중요하다. 처음 계약할 때 공간대여 사업에 대해 사전에 고지하지 않으면 문제가 생길 가능성도 있다. 그는 건물주를 마주치면 꼭 인사를 하고 명절에는 선물도 챙긴다. 문제가 생기면 예의 바르고 조심스럽게 상황을 공유하고 도움을 요청하는 것도 노하우다.

한편으로는 다양한 진상 고객 때문에 마음앓이도 적잖이 했다. 10명 중 한 명은 음식을 먹고 치우지 않거나 가구를 파손해놓고 그냥 가버리기도 했다. 수선비를 받으려고 연락하면 연락이 두절되거나 악의적인 후기를 쓰기도 했다. '고작 몇만 원 벌자고 내가 이렇게 욕을 먹어야 하나' 싶은 생각도 들었다. 초기에는 진상 고객들과

싸웠지만 이제는 에너지를 낭비하지 않으려고 한다. 그래서 공간에 대해 불만이 들어오면 깔끔하게 환불해준다. 고작 몇만 원보다 신뢰를 쌓는 것이 중요하다. 무조건 고객에게 맞춰주고 일을 키우지 않는 것이 '남는 장사'라는 것을 깨달았다. 그 덕분일까. 재이용률은 높아졌고, 단골을 넘어 '브랜드 팬덤'도 생겨났다.

어느새 4년 차. 이제는 사업을 무리하게 확장하기보다 유지 관리에 초점을 둔다. 예약 안내는 직접 하지만, 청소를 전담하는 직원과 현장을 관리하는 로컬 매니저를 고용하고 있다. 한 지점당 성수기에는 월 400만 원 넘게 벌기도 하지만, 평균적으로 월 매출 200만원 내외를 유지하려고 노력한다. 그는 어떤 사업도 쉬운 건 없다고 단언하며, 공간대여 사업에 신중하게 접근하라고 조언했다.

"최근 들어 파티룸이 대중적으로 많이 알려졌습니다. 하지만 화려한 겉모습만 봐서는 안 됩니다. 세상에 쉬운 사업이란 없으니까요. 최악을 가정해보고 신중하게 결정했으면 좋겠습니다. 그렇게 공간을 하나하나 만들며 자신만의 노하우를 쌓아가길 바랍니다."

파티룸 운영을 고민하고 있다면 알아야 할 것들

파티룸이 대중에게 널리 알려지면서 파티룸을 하고 싶어 하는 사람들도 많아졌다. 파티룸을 만들고 운영하는 데 중요한 것은 무엇일까?

1. 접근성

장신재 씨는 집에서 차로 30분 거리인 관악구와 동작구의 번화가 중심 역에 주목했다. 신림역과 서울대입구역처럼 상권이 형성돼 있고, 지하철과 버스 정류장이 인접한 곳이 파티룸의 장소로 적합하다.

2. 공간의 콘셉트

매물을 찾으면 공간의 크기와 화장실 위치, 바닥 컨디션과 채광 여부 등을 체크한다. '뭘 해도 대박 나는 파티룸'이라는 것은 없다. 매물마다 공간에 대한 구상이 머릿속에 그려져야 한다. 스튜디오를 할 건지, 브라이덜 샤워 같은 이벤트 공간으로 바꿀지. 그림이 명확하게 그려지지 않는 매물은 계약하지 않는다.

3. 적정한 임대 비용

작게 일을 시작해야 리스크를 줄일 수 있다. 최대한 보수적으로 접근해야 망해도 작게 망한다. 서울 지역을 기준으로 적정한 월세는 30~80만 원이다. 아무리 비싸도 100만 원을 넘기지 않아야 수익 전환이 빨라진다. 보증금은 1,000~1,500만 원 정도로, 보통 반년 안에 회수가 가능하다. 시공과 인테리어는 셀프로 기획해 비용을 절약한다. 파티룸은 소음 민원이 많이 들어오니 방음 공사가 필수다.

4. 가성비 있는 가격 책정

최근 들어, 대관비가 몇십만 원에 이르는 프리미엄 파티룸이 속속 등장하고 있다. 하지만 가성비 있는 일상의 공간을 노리면 더 승산이 있다. 그가 운영하는 파티룸은 패키지는 10만 원 이하, 낮에는 시간당 5,000원 정도의 대여비를 받는다. 사람들이 부담 없이 자주 이용하도록 금액을 구성해 회전율을 높인 것이다. 혼자 오거나, 데이트를 즐기러 온 연인들, 모임을 하러 온 동네 어머니 등 다양한 연령대의 사람들이 이곳을 찾고 있다.

7

마을 흉물이던 교회를 개조해
SNS 핫플로 만든 신혼부부의 노하우

카페 치즈태비 | 황리라 37세 | 연 매출 2억 4,000만 원

다들 미쳤다고 했어요. 이런 불경기에 전 재산인 아파트를 팔고,
안정된 직장도 그만두고 제주에서 카페를 차리겠다고 했거든요.
그러다 우연히 낡은 교회 건물을 보고 한눈에 반했죠.

웨딩드레스 디자이너였던 그는 앤티크 소품 모으기가 취미였다.
30대에는 직장을 그만두고 경기도 평택 서정리에 9평짜리 작은 카
페를 열었다. 북유럽 스타일의 가구로 채워진 앤티크 카페는 마니
아 사이에서 입소문이 나면서 동네 명소가 됐다. 그렇게 남편과 함
께 착실하게 자리를 잡아가던 어느 날, 그는 돌연 제주행을 선언했
다. 병마와 싸우는 지인의 모습을 마주한 뒤로 생각이 많아진 터였
다. 번민의 끝은 도전이었다. '꿈꾸던 일을 미루지 말고 조금이라도
건강할 때 도전해보자.' 주변에서는 그야말로 난리가 났다. 부모님

들은 바짓가랑이를 잡고 말렸다. "요즘 같은 불경기에 멀쩡한 직장을 그만두다니 제정신이니? 제주에 살겠다니, 헛바람이 들었구나." 사실만 놓고 보면 틀린 말도 아니었다.

하지만 고집을 꺾기에는 역부족이었다. 부부는 그 길로 부동산 중개업소를 찾아 전 재산이던 작은 아파트를 팔았다. 이제 자리를 잡아가던 가게도 매물로 내놓았다. 제주로 내려가기로 호기롭게 마음먹었지만, 한편으로는 막막함도 있었다. 최저시급이라도 받으면서 창업 전까지만 버티자는 생각으로, 먼저 남편이 회사에 사표를 내고 제주로 내려갔다. 그렇게 그들의 무모한 제주살이는 시작됐다.

새로운 카페 자리를 물색하는 일이 말처럼 쉽지 않았다. 제주에서 매물로 나온 부동산 50여 곳을 전부 찾아가 봤지만, 마음에 드는 매물이 없었다. 바다가 조금이라도 보이는 곳은 터무니없이 비쌌고, 저렴한 매물은 위치가 외졌거나 규모가 작았다. 그러다 운명처럼 제주 행원리에서 오랜 시간 버려져 있던 옛 행원교회를 만났다. 50년 세월의 무게처럼 외벽은 페인트칠이 다 벗겨져 있었고, 지붕과 바닥의 나무 자재는 전부 썩어 무너지기 직전이었다. 하지만 누군가에게는 흉물로 여겨질 그 건물이 그들에게는 보물처럼 보였다. 그렇게 교회와 부지를 1억 9,500만 원에 매입했다.

하지만 싼 부동산에는 이유가 있는 법. 이미 직전에도 수많은 사람이 이 매물을 보았지만, 대부분 발길을 돌렸다. 등기부등본을 떼보니 50년 동안 여기저기 불법으로 증축한 가건물이 더 많았기 때

부동산 매입 비용에 버금가는 시공 비용을 듣고
대부분의 사람들이 혀를 내두르고 돌아갔어요.
그런데도 저희는 이 매력적인 공간을 포기할 수가 없었어요문이다. 그 부분을 모두 철거해야만 근린생활시설로 변경할 수 있는데, 대부분 예상 비용을 듣고는 혀를 내두르고 돌아갔다. 그 정도로 답이 나오지 않는 매물이었다. 그럼에도 부부는 이 매력적인 공간을 포기할 수 없었다. '하나부터 열까지 직접 손으로 고치면 비용을 절약할 수 있겠지.'

본격적인 철거가 시작되자 돈은 눈덩이처럼 불어났다. 비용을 줄이려 셀프 인테리어를 생각한 지난날이 무색하게도 전문가 도움 없이는 불가능해 보였다. 결국 사람을 고용했고, 용도변경 승인을 받느라 3개월이 지나서야 인테리어를 시작할 수 있었다. 문제는 시공을 시작하면서부터 발생했다. 제주도는 인부들의 작업 시작 시간이 육지보다도 한참 늦다. 대부분 오전 11시에 작업장으로 출근한다. 30분간 작업 할당량을 듣고 2시간가량 점심시간을 보낸다. 오후 2시는 넘어야 공사가 시작되는데, 그마저도 4시 30분이면 끝내고 철수한다. 작업 막바지에는 레미콘 차량이 파업을 했다. 모든 시멘트 작업을 수작업으로 해야만 했다. 예정된 계획보다 3~4개월이 더 소요되면서 비용도 늘어났다. 나중에 계산해보니 조경과 카페 설비, 가구를 제외한 금액이 부동산 매입 비용과 비슷하게 들었다.

고생 끝에 낙이 온다는 말은 거짓이 아니었다. 이국적인 감성을 덧입고 재탄생한 교회는 단숨에 SNS 핫플레이스가 됐다. 나이를 스스럼없이 드러낸 상아빛 교회는 마치 몰디브의 한 해변 정원에 와 있는 듯한 느낌을 줬다. 카페의 대표 메뉴인 튀르키예 디저트 카이

막과 젤리소다도 감각적인 비주얼과 빼어난 맛으로 사람들을 사로 잡았다. 어느새 노인과 바다뿐이던 작은 어촌 마을은 젊은 여행객들로 북적였다. 이곳은 동네 어르신들에게도 뜻깊은 장소다. 가끔씩 카페를 찾을 때면 어릴 적 친구들과 교회 건물에서 뛰놀던 추억을 행복한 얼굴로 얘기하곤 한다.

카페의 투자금은 2년 만에 전부 회수했다. 한숨 고르고 갈 수도 있겠지만, 그들은 벌써 다음 프로젝트를 준비 중이다. 제주는 매년 수많은 핫플레이스가 생겼다 지는 치열한 격전장이다. 그럼에도 그들은 이곳을 택했고, 난관을 헤쳐 나갔고, 순항 중이다. 제주에서 성공적으로 자리 잡은 비결은 무엇이었을까. 그는 조심스럽게 마지막 답을 건넸다.

"카페를 창업하고 싶은 이유를 먼저 생각해보세요. 내가 카페를 하고 싶은 이유가 고객이 내 카페를 찾아올 이유가 되는지도요. 단순히 카페로 돈을 벌고 싶다는 목적보다 내가 무엇을 좋아하는지를 알고, 그것을 고객이 어떻게 찾게 만들지를 고민해야 합니다.

제주도에서 괜찮은 매물을 찾는 법

1. 마음에 드는 매물을 찾았다고 성급하게 계약하지 않는다.

2. 하루이틀 정도 매물이 있는 마을을 방문해 마을 사람들에게 해당 매물에 대해 넌지시 물어본다.

3. 제주의 지리적 특징 때문에 발생하는 문제를 꼼꼼히 확인한다. 맑은 날에는 멀쩡해 보여도 꼭 바람이 모이는 한 지점이 있고, 비가 오면 바닥에서 물이 솟구치는 '물통자리'도 있다. 이는 매도인만 아는 사항이니, 직접 문의한 뒤 매수를 결정한다.

CHAPTER 4

부업을 사업으로
확장하라

취미였던 그림으로 문구 브랜드 창업! 15만 원으로 시작해 월급의 다섯 배를 벌다

문구 디자이너 | 지안 26세 | 월 매출 최대 2,000만 원

SNS에 그림을 올렸더니 팔아달라는 댓글이 달렸어요.
그렇게 첫 오프라인 마켓을 단돈 15만 원으로 시작했죠.

∨

그림 그리는 것을 좋아했던 그는 미대를 졸업한 후 자신의 전공과
는 동떨어진 광고대행사에 취업했다. 취업의 기쁨은 한순간이었다.
코로나19 기간에 온라인 커머스 광고시장이 급속도로 얼어붙자 일
감이 점점 줄었다. 미래에 대한 불안감이 그를 옥죄었다. 그럴 때마
다 취미로 SNS에 그림을 그려 올렸는데, 어느 날인가 제품으로 팔
아달라는 댓글이 달렸다. 처음에는 반신반의했다. '아마추어가 그린
그림과 굿즈가 팔리겠어?' 그런데 자꾸 그 댓글이 머릿속을 휘감았
다. 몇 날을 고민하다 도전해보기로 결심했다. 실패한다고 해도 경

험은 남을 테니까. 다른 사업과 달리, 개인 문구 브랜드는 소액으로도 창업이 가능하다는 점이 특히 마음에 들었다. 그렇게 그의 이중생활이 시작됐다.

직장을 다니면서 크리에이터로 활동하는 일이 쉽지만은 않았다. 디자인하는 것부터 제품을 홍보하고 제작하는 모든 과정이 낯설었다. 처음에는 자신이 공들여 만든 캐릭터를 홍보하기 위해 무리하게 욕심을 부려 파우치 굿즈를 만들기도 했다. 파우치는 발주 비용이 꽤 많이 들었지만, 생각보다 인기가 저조했다. 팔리지 않은 제품은 고스란히 방 안에 재고로 남았다. 이 일이 큰 교훈으로 남아, 제작 비용과 굿즈 제품 디자인에 대해 더욱 깊이 고민하는 계기가 됐다. 그렇게 시행착오를 겪으면서 성장해나갔다.

그는 본업인 온라인 커머스를 통해 쌓은 노하우를 캐릭터 제품에 접목하기로 했다. 우선 가성비가 좋은 종이 형태의 문구류 굿즈부터 만들기 시작했다. 제품 단가가 높지 않아 위험 부담을 줄일 수 있기 때문이다. 그리고 온라인 소품숍 플랫폼을 통해 판매에 나섰다. 수수료로 25~40퍼센트를 내고 나면 돈이 많이 남지 않았지만, 벌어들인 수익은 전부 차기 제품 제작과 SNS 홍보 비용으로 투자했다. 적은 금액으로 발주할 수 있는 업체들을 단골로 점점 늘려갔다. 그렇게 단돈 15만 원으로 첫 오프라인 마켓을 시작했다. 인스타그램 홍보 비용도 1~2만 원의 소액으로 광고했다. 그렇게 5개월이 지나자 순수익이 났다. 욕심을 내지 않고 조금씩 이익을 늘려나갔

66

누군가는 좋아하는 일을 하며 돈도 번다며 부러워해요.
아주 틀린 말은 아니지요. 세상에 쉬운 일은 없겠지만,
좋아하는 일을 하면 어려운 순간에 조금 더 힘을 낼 수 있어요.

99

고, 자신의 브랜드가 알려지기 시작하면서 실생활용 굿즈와 디지털 굿즈로 제품을 확장했다.

SNS를 통해 입소문이 나면서 클래스101으로부터 강의 제안도 받았다. 순수예술 전공자였기에 디자인과 브랜딩에 대해 전문적인 지식이 부족할지도 모르겠다는 생각에, 제안을 수락해도 괜찮을까 고민스러웠다. 하지만 그에게는 실전에서 쌓은 경험과 노하우가 있었다. 이 경험이 누군가에게 도움이 될 수 있겠다 싶어 디자인 강의 영상을 제작했다. 그 도전이 새로운 기회가 됐다.

어느새 부업으로 벌어들이는 수입이 회사의 월급보다 많아졌다. 2021년 그는 화려한 이중생활에 마침표를 찍고, 회사를 나왔다. 프리랜서의 월급은 매달 변동이 크지만, 보통 예전 직장 월급의 세 배에서 많으면 다섯 배까지 나온다. 수입은 크게 '브랜드 매출', '클래스 운영 매출', '외주 매출'을 통해 발생한다. 가장 높은 월 매출이 평균 매출이 될 수 있도록 사업을 확장하는 것이 그의 목표다.

퇴사는 했는데, 몸은 더욱 바빠졌다. 1주일 내내 일한다고 해도 과언은 아니다. 그의 스케줄 다이어리에는 한 달 일정이 빼곡하게 차 있다. 한 달에 2주 동안은 굿즈 디자인 작업과 발주를 하고, 남은 2주는 개인 온라인 마켓을 진행하거나 핫트랙스와 텐바이텐과 같은 유통처에 납품하는 일에 시간을 쓴다. 그 사이에 틈틈이 클래스 101 강의를 듣는 메이트와 소통하거나 외주 작업을 하고, 오프라인 행사도 준비한다.

원래 그는 여러 MBTI 유형 중에서도 '확신의 P형'이었다. P형 (perceiving, 지각)은 철저하게 계획을 짜고 일을 하는 J형(judging, 판단) 과 달리, 유연하고 적응력이 높은 행동파 인간이다. 돌다리가 보이면 두드리기 전에 건너고 보는 성격이다. 회사를 그만두고 1인 브랜드를 창업한다고 했을 때 그가 가장 많이 들은 말은 "너답다"였다. 하지만 그는 점점 계획형 인간으로 변해갔다. 한 브랜드의 대표로서 매일 아침 스케줄을 짜고 잠들기 전 리스트를 정리하는 게 습관이 됐다. 모든 일이 계획대로 되지 않기에 다양한 변수를 미리 고려해두니, 오히려 실수나 불안할 일이 적어졌다.

누군가는 그를 보며 좋아하는 일을 하면서 돈도 번다고 부러워한다. 아주 틀린 말은 아니다. 세상에 쉬운 일은 없지만, 좋아하는 일을 하면 어려운 순간에 조금 더 힘을 낼 수 있다. 그리고 성과까지 나왔을 때, 행복의 과실은 더욱 달콤하다.

"인생의 갈림길에 섰을 때, '최소한의 후회를 할 선택'을 고르곤 해요. 조금의 후회도 없는 선택이 있었다면 좋겠지만, 지금까지 그랬던 적은 없었거든요. 내 최선의 선택들이 모여 지금의 내가 됐다고 생각합니다. 저처럼 새로운 길을 선택한 모든 사람을 응원합니다."

2

생활비를 위해 시작한 블로그로 월 천 벌다

> 블로그 | 김민지 38세 | 월 1,000만 원
>
> 처음에는 블로그에 리뷰 콘텐츠를 올렸어요.
> 제 콘텐츠에서 단 하나라도 정보를 얻고
> 갈 수 있었으면 좋겠다고 생각했어요.

김민지 씨는 사회복지사로 15년을 일했다. 그러다 결혼을 하면서 경력이 단절됐다. 계약직으로 재취업해 받은 월급은 150만 원. 살림을 꾸리기에는 턱없이 부족했다. 첫 신혼집이 월세라 전세로 가기 위해 돈을 모아야 하는데 당장 할 수 있는 방법이 없었다. 10원 한 장이라도 더 벌 수는 없을까 고민하던 차에 한 재테크 카페서 블로그로 돈을 번다는 사람들을 알게 됐다. 이전까지 그에게 블로그는 단순히 개인적인 취미로 사용하던 공간이었다. 일상의 흔적을 남기거나 연극과 뮤지컬을 보고 난 후 감상을 끼적이던 곳. 그는 당장

육아로 경력이 단절되며 가계가 힘들어졌어요.
그러다 재테크 카페에서
블로그로 돈을 번다는 이야기를 듣고 이거다 싶었어요.
당장 블로그의 컨셉부러 바꿨습니다.

블로그 설정 창을 켰다. 그리고 블로그의 콘셉트를 전부 바꿨다. 재테크 전문가로 인생의 전환점을 맞이한 순간이었다.

처음에는 자신이 쓰는 글이 좋은 글인지, 단순히 일기인지 분간이 안 됐다. 이렇게는 안 되겠다 싶어 방문자수가 많은 대형 블로거의 게시글을 벤치마킹했다. 글은 어떻게 쓰는지, 사진은 어떻게 찍어 올리는지 하나하나 눈여겨보았다. 그리고 그 노하우를 내 콘텐츠에서 나만의 스타일로 풀어냈다.

가장 먼저 시도한 콘텐츠는 자신이 쓰고 있는 물건에 대한 리뷰였다. 아주 작은 부분이라도 괜찮은 점들을 찾아 후기를 남겼더니 반응이 좋았다. 수익이 나지 않아도 방문자수가 늘어나는 것에 재미가 붙었다. 그러다 자신의 관심사였던 재테크 분야에 집중하기로 결심했다. 적성에도 맞으니 글을 쓰는 것도 더 재미가 있었다. 그렇게 매일 꾸준히 한두 개씩 포스팅을 했더니 방문자수와 관심도가 폭발적으로 늘었다. 그렇게 2020년 5월, 경제 비즈니스 분야 '네이버 인플루언서'로 선정됐다.

초보 블로거에게 하나둘 제안이 들어오기 시작했을 즈음의 이야기다. 지자체의 관광지를 소개해달라는 요청이 왔다. 집에서 3시간 거리를 달려가 맛집을 투어하고 여행지를 둘러봤더니 수입보다 지출이 훨씬 많았다. 게다가 글을 쓰고 사진을 정리하는 데 10시간 가까이 걸렸다. 일하는 방식을 효율적으로 바꿀 수 없을까 고민하다가 한 번의 취재로 최대한의 효율을 뽑아내는 방법을 찾아냈다. 예를 들어 어떤 지역의 축제 소개를 의뢰받는다면, 단순 소개하는 내용으로 1회를 쓰고, 이후에 1박 2일 코스, 가볼 만한 여행지, 맛집이나 개별 관광지 소개 등으로 구성해 게시물을 네다섯 개로 늘리는 것이다.

어느새 블로그 게시글이 12개가 되자, 광고 수익을 받을 수 있는 '애드포스트'를 신청했다. 광고 수익 신청은 블로그, 밴드, 포스트 운영자들이 '미디어 등록'을 통해 가능하다. 네이버의 자체 검수 절차를 걸쳐 통과되면 즉시 광고가 게재된다. 아이디 생성 후 90일 이후에만 가능하고, 게시글의 개수보다 활동성이 훨씬 중요하다. 보통 하루 최소 방문자수가 100명 이상이면 충분하다. 방문자수는 검수 신청일로부터 한 달 전을 기준으로 한다. 게시글이 10개 이하거나, 방문자수가 100명 이하일 경우에는 보류가 된다. 보류를 받는다면 재검수 요청이 가능하다. 1년간 12만 5,000원 이상 수익을 냈을 때는 기타 소득세 8.8퍼센트를 원천 징수한다. 수익이 5만 원 이상 되면 개인 인증을 통해 자동 지급 기능도 설정할 수 있다.

그렇게 첫 달 수입으로 '네이버 광고 3원'이 통장에 찍혔다. 그 적은 금액이 그에게는 희망으로 보였다. 글을 써서 정말 돈을 벌 수 있다는 사실이 신기했다. 2020년 네이버에서 인증하는 인플루언서가 되고 나서는 수입이 폭발적으로 늘었다. 3원이 30만 원이 되고, 300만 원이 되고, 1,000만 원이 됐다.

부업으로 버는 돈이 본업을 넘어섰다. 작은 계기가 물꼬를 트면서 평범했던 주부가 작가, 강사, 컨설턴트가 됐다. 월세 집을 탈출하고, 첫 집을 구매하고, 결혼 7년 만에 아이도 낳았다. 이제 그는 육아를 하면서 다시 한번 전환점을 맞이하고 있다. 육아로 인해 강의와 취재를 할 물리적 시간이 부족해지자 다음의 네 가지 방법을 통해 포스팅 시간 단축에 나섰다.

첫째, 글감은 생활에서 찾는다. 육아 콘텐츠에서는 아이와의 모든 에피소드가 훌륭한 주제다. 아이가 무엇을 가지고 놀고, 무엇을 잘 먹으며, 아플 때는 어떻게 대처했는지를 블로그에 적었다. 경제 콘텐츠도 마찬가지로 뉴스와 시류에 맞춰 나와 가족의 투자 이야기를 꾸준히 포스팅했다.

둘째, 키워드를 적는다. 집안일과 육아를 동시에 하다 보면 아이디어를 금세 잊게 된다. 그래서 글의 맥락보다 키워드가 떠오르면 메모장 앱에 바로 기록한다. 핵심 키워드와 서브 키워드를 나열해 가면서 포스팅을 진행하니 훨씬 쉬웠다.

셋째, 제목을 먼저 달아놓는다. 아이가 예민해 엄마가 옆에 없으면 잠에서 깬다. 늘 누워서 스마트폰으로 자료를 찾아야 해서 중요한 글감은 항상 저장해둔다. 제목을 미리 잘 지어두기만 해도 포스팅의 절반이 해결된다.

넷째, 블로그 모바일앱을 적극 활용한다. 앞의 세 단계를 모바일앱으로 해결하고 사진만 첨부해놓아도 뼈대가 만들어진다. 한가한 시간에는 PC에 앉아 포스팅을 마무리하고 점검한다.

그의 블로그 구독자층은 50대 이상이 많다. 투자나 재테크 이야기도 조회수가 많지만, 초보자도 할 수 있다는 동기부여를 자극하는 게시글이 특히 인기가 높다. 물론 얼마간의 행운도 따랐지만, 지금의 성공은 오롯이 노력의 결과물이다. 오늘도 그는 아이를 돌보며 하루에 2시간만 자면서 블로그에 글을 쓴다.

"다른 사람이 블로그로 돈을 벌었다는 글을 무심코 넘기지 않고, 나도 해봐야겠다고 마음먹고 실행한 것이 원동력이 됐어요. 이제는 제 경험이 다른 사람들에게 작은 동기부여가 되었으면 좋겠습니다."

블로그 수익화, 어떻게 할까?

1. 크게 두 가지 방식이 있다

블로그에 직접 글을 올려서 얻는 수익과 블로그를 통해서 발생하는 간접 수익이 있다. 처음부터 광고 수익을 노려 욕심내는 것은 금물이다. 현재 자신이 사용하고 있는 물건(직접 구매한 물건이 좋다) 중에 주변 사람들에게 추천할 만한 좋은 물건이 있다면 그 사용 후기를 블로그에 올린 뒤 구독자의 반응을 살핀다. 콘텐츠가 상위에 노출된다면 지차체나 업체에서 협찬 연락이 오는 경우가 있다.

다른 하나는 체험단 신청을 하는 것이다. '레뷰'나 '리뷰플레이스'와 같은 큰 체험단에 들어가면 실제 현장을 경험할 수 있다. 그마저도 신청에서 계속 떨어진다면 아예 업체 쪽으로 직접 제안해보는 방법도 있다. 자신이 썼던 글 중에 잘 쓴 글과 성과를 정리해 제안서를 넣어보는 것도 효과적으로 협찬을 받거나 수익화하는 방법이다.

실제로, 개인 블로그에 2023년 11월 충남 홍성에서 열린 '백종원 바베큐 축제' 후기를 올렸더니, 곧바로 지자체 관광 체험단을 모집한다는 제안을 받기도 했다. 당시 미디어에 관련 기사들이 쏟아지면서 주목받자 자연스럽게 노출된 것 같다. 물론 관광 체험단은 수익이 거의 없고, 교통비도 주지 않는 곳이

대부분이다. 하지만 이러한 게시글들이 점차 쌓이면 블로그 수익화에 도움이
된다.

2. '킬러 콘텐츠'를 만들어라

민지 씨의 블로그에서 가장 인기 있는 콘텐츠는 가족들의 주식투자 도전기다.
그중에서도 메인 스토리는 환갑인 어머니가 처음 주식을 시작해 용돈벌이까
지 하게 된 과정을 연재한 글이다. 포스팅할 때마다 50~60대 구독자의 반응
이 뜨겁다. "이 나이에도 주식투자를 할 수 있다는 자신감이 생겼다", "엄두가
나지 않았는데, 동기부여가 됐다". 동년배의 이야기를 읽고 용기를 얻은 사람
들의 댓글이 줄을 이었다.

이러한 주변의 소소한 이야기가 블로그의 힘이다. 하지만 일상에서 자연
스럽게 일어나는 에피소드를 블로그에 연재만 하면 단순히 일기장이 된다.
꼭 필요한 핵심 정보도 함께 게재해야 한다. '나도 해봐야겠다'라는 호기심과
동기를 주는 킬러 콘텐츠가 쌓이면 쌓일수록 그 콘텐츠를 원하는 구독자도
모인다.

3. 블로그의 인기 뒤에는 'N잡러 열풍'이 있다

코로나19 이후 자산가치가 상승하면서 주식과 코인 투자의 열풍이 불었다. 그
러다 금리가 오르면서 시장의 침체가 오고, 사람들은 한 가지 직업이 아니라
다양한 방법을 통해 안정적으로 돈을 벌 수 있는 수단을 찾게 됐다. 소위 N잡
러 열풍이다. 블로그는 온라인 마케팅에서 빼놓을 수 없는 중요한 매개체다.
많은 사람이 블로그의 수익화에 나서는 이유다.

블로그와 관련해 각종 강의와 광고, 후기도 넘쳐난다. 하지만 중요한 것은
단순히 책을 사고 강연을 듣는 것이 아니라, 실제로 강사가 블로그를 어떻게

운영하고 그것으로부터 어떻게 꾸준한 수익을 내는지 파악하는 일이다.

과거에는 광고비와 원고료가 블로그의 수익이었다면, 현재는 지식과 노하우를 사업화해 수익 파이프라인에 안착시키는 데 주력한다. 블로그 내용을 책으로 출간하는 것도 그 방법 중 하나다. 블로그의 글들은 이렇게 다양한 형태의 수익으로 이어진다.

4. 지금 블로그를 시작한다면

네이버에서는 한 명당 최대 세 개의 블로그 아이디를 만들 수 있다. 전업으로 뛰어든다면, 본계정과 부계정으로 콘셉트를 정해 활성화하는 데 주력한다. 블로그 인플루언서 모임에 가보면, "이렇게 어마어마한 잠재력을 가졌다는 것을 알았다면, 진작에 글을 더 많이 써둘걸"이라고 말하는 사람들이 많다.

하지만 쉽게 쓴 글은 쉽게 사라지게 마련이다. 상위 노출이라는 압박감에서 벗어나 편안하게 글을 써보자. 어려운 단어로 난해하게 쓰기보다는 누군가에게 이야기하듯 쉽게 풀어가는 게 좋다. 읽기 쉽고 알찬 정보가 가득한 포스팅에, 구독자가 붙는 건 한순간이다.

3

어긋난 이사 날짜가 불러온
임대회사라는 나비효과

삼삼엠투 | 제이미(닉네임) 40세 | 순수익 월 200만 원

서울에서만 오피스텔 세 채, 아파트 한 채를 굴리고 있어요.
단기임대는 숙박업과 달리 인테리어가 필요 없는 게 장점이죠.

제이미는 인테리어 관련 기업에서 오랫동안 마케팅 업무를 했다. 스터디 모임까지 다닐 정도로 재테크에 관심은 많았지만, 직장을 다니면서 시간을 내기가 여간 쉽지 않았다. 그러다 2021년, 살고 있던 34평 아파트를 팔고 새로운 집으로 이사를 가게 됐다. 그런데 매수자와 이사 날짜를 조율하다 보니 살고 있던 집이 3개월 정도 비게 됐다. 이 넓은 집을 그냥 비워두기가 아깝다는 생각이 든 찰나, 단기임대가 떠올랐다. 때마침 이사 날짜가 맞지 않아 고심하던 게스트가 있어 바로 계약이 성사됐다. 예상치 못한 정산금으로 이사 비용을 벌었다. '어 이게 되네? 이렇게 추가 소득을 만들 수가 있구나!' 새로운 가능성에 마음이 두근거렸다.

그는 회사를 그만두고 본격적으로 단기임대에 뛰어들었다. 자신이 거주하는 서울의 오피스텔을 공략했다. 집과 근처라 관리도 쉬운 데다 지역을 잘 알아야 실패 확률이 낮기 때문이다. 역세권이면서 1세대 1주차가 가능한 2억 원 수준의 매물을 집중적으로 물색했다. 초기 투자금 6,000~7,000만 원과 대출금을 합해 적당한 매물을 매입하고, 100~200만 원 선에서 인테리어를 해결했다. 단기임대는 숙박업과 달리 예쁘고 화려한 인테리어가 필요 없다. 기본적인 가전과 가구만 갖추고 깔끔하기만 하면 된다.

신축 오피스텔은 기본 옵션이 워낙 잘돼 있어서 초기 비용이 거의 들지 않는다. 되도록 방 한 개짜리 원룸보다는 1.5룸을 매매하는 게 좋다. 최소한의 공간이 구분돼 있어야 선호도가 높기 때문이다. 또한 복층 구조이거나 드레스룸이 있거나 짐을 보관하는 팬트리가 작게라도 마련된 구조가 좋다. 풀옵션 신축 매물은 첫 달부터 바로 순수익을 거둘 수 있으며, 구축 오피스텔은 평균 2~3개월이면 순수익이 발생한다. 하지만 오피스텔 투자는 리스크가 매우 크고 세금 문제가 아주 복잡하기 때문에 초보 투자자는 섣불리 접근해서는 안 된다.

오피스텔은 사용 용도에 따라 주거용과 업무용으로 분류되는데, 그에 따라 취득세와 재산세, 매각할 때 양도세가 달라진다. 오피스

단기임대를 하며 세상을 사는 방식이 다변화되고 있음을 피부로 느껴요.
회사만 다녔더라면 놓치고 지나쳤을 사회의 단면이지요.

텔은 취득세를 낼 때는 업무용으로, 보유할 때는 주택으로 간주된다. '살 때도, 가지고 있을 때도, 팔 때도 오피스텔은 동네북'이라는 말이 괜히 나온 게 아니다.

오피스텔의 취등록세율은 취등록세 4퍼센트에 지방교육세(0.4퍼센트)와 농어촌특별세(0.2퍼센트)를 합한 4.6퍼센트로, 보유주택수와 무관하게 적용된다. 무주택자가 집을 구매할 때 세율이 취득가액에 따라 1.1~3.3퍼센트인 점과 비교했을 때 매우 높은 편이다. 주거용 오피스텔의 경우 재산세는 건축물(0.25퍼센트)이 아닌 주택(0.1~4퍼센트)으로 간주된다. 취득할 때는 세율이 주택보다 높고, 보유할 때는 건축물보다 높다는 말이다.

대신 임대사업자는 취등록세를 면제받거나 감면받을 수 있다. 수도권에서 오피스텔 가격이 6억 원 미만(지방은 3억 원 미만)의 경우 전용면적 60제곱미터 미만은 취등록세가 면제다. 전용면적 60제곱미터 초과 85제곱미터 이하일 경우에는 50퍼센트를 감면받는다. 10년 이상 장기임대사업자로 등록해도 혜택을 받는다.

오피스텔을 업무용으로 사용한다면 취득세를 낸 뒤 부가가치세로 환급받을 수 있다. 임대소득이 발생했다면 소득세를 신고하고 납부해야 한다. 업무용으로 임대를 주고 부가가치세를 받았더라도 해당 임차인이 주거용으로 사용하고 있다면, 사실상 주거용 오피스텔로 판단한다. 이 경우에는 소유자의 주택 수에도 포함된다. 워낙 변수가 많아 정확한 상담은 세무 전문가에게 의뢰하는 게 좋다.

이제 그는 단기임대로 법인을 설립하고 사업화까지 나섰다. 서울에서만 오피스텔 세 채와 아파트 한 채를 운영 중이다. 오피스텔은 월 60~70만 원, 아파트는 월 100만 원 정도의 수익을 내는데, 대출이자와 관리비를 제외하면 보수적으로 매달 200만 원의 순수익을 얻는다. 지인들의 공간 관리와 운영도 대행한다. 오랫동안 마케팅 관련 일을 했던 노하우를 살려 단기임대 마케팅까지 의뢰받았다. 이와 더불어, 단기임대에 도전하는 사람들을 컨설팅하며 점차 사업 규모를 확대하고 있다.

그는 단기임대를 하면서 세상을 살아가는 방식이 다변화되고 있음을 체감하고 있다. 회사만 다녔더라면 놓치고 지나쳤을 사회의 단면이다. 단기임대업에 도전해보고 싶은 사람들에게 전하는 그의 마지막 말을 들어보자.

"세상이 정말 많이 변했어요. 디지털 노마드나 한 달 살기를 원하는 사람이 점점 늘고 있으니까요. 단기임대를 하다 보니 더욱 피부로 느끼고 있습니다. 임대업을 경험해보고 싶다면, 지금 사는 집을 단기임대로 주고, 다른 집에서 게스트로 살면서 노하우를 얻어보세요. 유용한 경험이 될 겁니다."

유미의 방에 놀러 오세요!
공간으로 경험을 팔다

스페이스클라우드 | 에밀리(닉네임) 33세 | 월 매출 5,000만 원(성수기)

강남 인근 3층짜리 건물을 임대했어요.
각각의 공간을 스튜디오처럼 구성해 파티룸을 만들었죠.

∨

에밀리는 2015년부터 앱 개발을 하는 IT회사에서 매니저로 일했다. 작은 회사였기에 할 일이 많았다. 사업 개발도 하고 마케팅 파트도 담당했다. 매일 밤을 새우느라 항상 신경이 곤두서 있었다. 어느 순간 '나는 이렇게 화를 잘 내는 사람이 아니었는데'라는 생각이 들었다. 사표를 내고 나만의 사업을 해보자는 생각에 쇼핑몰을 차렸지만 쉽지 않았다. 문턱이 낮다 보니 경쟁이 치열해서 고생만 하다 결국 사업을 접었다. 허망한 기분도 사치였다. 그동안 벌어둔 자본금까지 전부 까먹어서 다시 일자리를 알아봐야 했다.

이번에는 에이전시에 들어가 글로벌 마케팅 업무를 담당했다. 하지만 또다시 사람과의 스트레스가 그를 조여왔다. 클라이언트의 무리한 요구를 일일이 맞추는 업무는 성격에 맞지 않았다. 이렇게 계속 회사를 다녔다가는 인생의 종말을 맞이할 것 같았다. 그래도 지난번의 경험에서 교훈은 얻었나 보다. 성급하게 사표를 내는 대신 부업부터 시작했다. 시간 제약이 덜한 에어비앤비에 도전했지만, 합법적으로 운영하기가 어려워 방향을 바꾸기로 했다.

한동안 자신의 꿈이 무엇이었는지 과거 속을 헤맸다. 미약한 단서를 움켜쥔 채, 공간을 꾸미는 건축 인테리어 사업에 뛰어들었다. 그렇게 에이전시를 나와 알트탭이라는 회사를 차렸다. 사무실은 강남에 있는 공유 오피스를 빌렸다. 비용을 낮추기 위해 입주한 공유 오피스였지만. 공간은 넓지도 않으면서 월 임대료가 생각보다 너무 비쌌다. 이 돈이면 건물을 하나 빌리는 것이 낫겠다는 판단에, 곧바로 강남 인근에 있는 3층짜리 단독 주택을 계약했다. 사무실로 쓰고 남는 자투리 공간은 임대해 추가 수익을 얻겠다는 생각이었다. 그리고 한 가지 더. 단순히 공간을 빌려주는 것을 넘어 그 안에 콘텐츠를 담기로 했다.

아이디어를 찾기 위해 몇 날 며칠을 도서관에 틀어박혀 고민했다. 그러다 옛날 소설들, 특히 일본 소설과 만화책, 영상물에서 힌트를 얻었다. 콘셉트를 현실로 구현하는 작업은 역시나 만만치 않았다. 상상하던 공간을 입체화하려니 꽤나 많은 시간이 소요됐다. 원

> ❝
>
> 원하는 소품을 찾기 위해 지방 곳곳을 다니고,
> 중고 거래를 살살이 뒤졌어요.
> 공간을 기획하는 일은 그림 그리는 것과 비슷해요.
> 여러 번 덧칠하면서 차근차근 완성해나갔죠.
>
> ❞

하는 소품을 찾기 위해 지방 곳곳을 다니고, 중고 거래를 샅샅이 뒤졌다. 공간을 기획하는 일은 그림을 그리거나 글을 쓰는 작업과 비슷했다. 첨삭하듯 여러 번 덧칠하고 몇 번이고 다시 쓰면서 차근차근 완성해나갔다.

그렇게 완성한 공간이 2000년 초반의 모습을 그대로 옮겨온 〈유미의 방〉이었다. 20년 전의 모습을 고스란히 재현하느라 고생했지만, 그 자리에는 이제 뿌듯함만 남았다. 기대감이 솜사탕처럼 부풀어 올랐다. 하지만 한 달이 지나도 예약이 들어오지 않았다. 고정비가 계속 나가면서 3개월 동안 1,000만 원 가까이 적자가 났다. 애써 만든 공간인데, 예약률이 저조해 흑자전환이 되지 않자 불안해졌다. 무엇이 잘못됐을까, 자책도 했다. 불안과 자책의 날이 이어지던 어느 날, 하나의 후기가 상황을 반전시켰다.

"영화 쪽에서 일하는 미술감독이 만든 공간 같아요. 사진이 정말 잘 나와요."

공간을 이용했던 게스트가 SNS에 남긴 글은 날개를 달고 퍼져나갔다. 먼지만 날리던 공간에 예약 문의가 급증하기 시작했다.

그는 창작 활동에 더욱 자신감을 얻었다. 아이러니하게도 높은 고정비가 창작 활동을 채찍질했다. 보증금이 5,000만 원인 강남의 3층 건물을 통으로 사용하는 데 매달 월세와 부가세를 포함해 550만 원이 들었다. 여기에 각종 공과금과 냉난방비로 매달 100~200만 원이 추가로 나갔다. '멈춰서 있으면 망한다'는 각오로 사업 규모를 확장했다. 그렇게 만든 〈은미의 아뜰리에 화실〉, 〈1994 선미의 서재〉, 〈교토 여작가의 작업실〉이 연달아 히트하면서 점차 단골도 생겼다. 한 공간에만 40번 넘게 방문한 게스트도 있었다.

공간이 점점 유명해지자 콘셉트를 그대로 베껴가는 이들도 생겼다. 고생해서 만든 공간을 통째로 빼앗기자 화가 나고 낙심하기도 했다. 그때 위안이 된 것은 책 한 줄이었다. "오리지널리티를 가진 자가 되려면 팔로워를 견뎌야 한다." 자신의 창작물이 베낄 만큼 좋다면, 그 감을 믿고 가도 되겠다 싶었다.

빠르게 변하는 유행도 문제였다. 아무리 예쁘게 만든 공간이라도 1년 가까이 지나면 예약률이 급격히 떨어졌다. 할인 이벤트를 해도 상황은 나아지지 않았다. 계속 변화를 주지 않으면 고객은 금세 싫증을 내고 흥미를 잃었다. 결국 본질은 공간으로 승부해야 한다는 사실을 깨달았다. 그래서 초창기 인기를 끌었던 공간들을 전부 바꿨다. 현재까지 강의실, 회의실, 공유오피스, 파티룸, 영화관 등 20가지가 넘는 공간을 시도했고, 15가지 형태의 콘셉트 스튜디오를 운영하고 있다. 계절별로 특별한 공간도 연출해 매번 다른 곳에 방문하는 경험을 제공하기도 한다.

지난 2년 동안 1만 명 넘는 인원이 그의 공간을 찾았다. 성수기에는 하루 최대 35개 팀이 예약했다. 월 매출은 최대 5,000만 원을 달성하기도 했다. 고정비를 제외한 순수익은 오픈한 지 6개월 만에 발생했다. 어느새 직원도 늘었다. 파트타임으로 게스트들에게 공간을 소개하거나 관리하는 스태프 두 명, 사진 촬영 등을 돕는 프리랜서 두세 명과 함께 일하고 있다.

그럼에도 그는 자신처럼 창업에 나서겠다는 사람이 있다면 말리고 싶다. 쉬는 날이 없어 몸이 고될뿐더러 창작으로 받는 스트레스가 크기 때문이다. 매출이 좋은 달도 있지만, 적자가 나는 달도 감당해야 한다. 회사에 다닐 때는 꼬박꼬박 월급이 나왔지만, 회사를 나오면 어디서 돈이 새는지 꼬박꼬박 살펴야 한다. 하지만 리스크가 큰 만큼 성과도 크다. 좌절을 느낄 때마다 빠져나올 힘을 얻었다는 어머니의 말로 그는 대화를 마무리했다. 사계절을 제대로 부딪혀온 사람의 단단한 눈빛이 빛났다.

"저는 온실형 인간이 아니라, 사계절 다채로운 숲을 만들 사람이라고 하셨어요. 나만의 사업을 만들어가는 것은 정말 힘들고 고되지만, 자기답게 살 수 있고 자신을 키우는 오롯한 여정임을 항상 마음에 새기고 있습니다."

5

춤출 곳 없어 직접 차린 댄스연습실, 3년 만에 70호점을 열다

스페이스클라우드 | 정석전 43세 | 월 매출 300만 원대(공간 한 개당)

댄스연습실은 지하 공간에 저렴하게 차릴 수 있어요.
로열티 없이 컨설팅을 해서 빠르게 지점을 늘려나갔죠.

﹀

정석전 씨는 잘나가던 이동통신사업자였다. 매출이 나오지 않거나 장사가 어려운 휴대폰 매장 사장들이 컨설팅을 받기 위해 줄을 설 정도였다. 종종 다른 매장을 방문해 운영 구조를 효율적으로 바꾸거나, 매장 직원을 교육하기도 했다. 한번은 취미로 다니던 복싱 체육관을 통째로 인수하기도 했다. 부진을 겪고 있는 체육관 관장님을 돕고 싶어서 시작했는데, 어느새 체육관 두 곳을 동시에 운영할 정도로 사업 수완이 좋았다.

그러다가 40대에 춤바람이 났다. 늦바람이 무섭다는 말처럼, 머릿속이 댄스 연습으로 가득 찼다. 작은 댄스 모임이 동호회로 커지더니, 얼마 지나지 않아 회원이 300명으로 불어났다. 취미로 시작한 모임이 아카데미 사업으로 발전했다. 1주일 동안 댄스 수업 14개가 돌아갈 정도로 웬만한 학원보다 규모가 커졌다. 남들이 만든 연습실을 전전하다 보니 어느새 욕심이 생겼다. 당시 연습실들은 판에 박힌 듯 똑같았다. 어디를 가든 단조로운 색에 마루도 비슷한 모양뿐이었다. 어떤 곳은 마루가 벗겨진다고 신발을 벗고 입장하라고 요구하기도 했다. '사사건건 제약이 많은 연습실을 이용하느니 내가 직접 차려보자.' 그렇게 또 한 번 새로운 사업에 발을 담갔다.

원하는 마룻바닥 소재를 찾기 위해 전국을 돌았다. 가장 신경 쓴 것은 조명이었다. 1,000가지 넘는 밝기 정도와 색감을 가진 조명을 연습실에 설치했다. 머지않아 SNS에서 '사진발'이 잘 받는 연습실로 입소문이 났다. 회원만 쓰려던 공간을 빌려달라는 사람들이 생기더니, 우리 동네에도 차려달라는 요구가 늘기 시작했다. 본격적으로 전국에 매장 확대에 나섰다. 한 개 지점을 내기 위해 최소 10개 이상의 매물을 검토했다. 부산점의 경우에는 11년간 버려진 창고를 개조해 매장을 완성했다. 그렇게 하나둘 늘리다 보니 어느새 직영점이 여덟 개로 확장됐다.

어느덧 점주들을 관리하는 게 본업이 됐다. 댄스 동호회 회원 중에서도 점주를 원하는 이들이 생겨났다. 자신만의 연습 공간을 가지면서도 사용하지 않는 시간에는 공간대여를 할 수 있어 유용했

❝
40대에 작은 댄스 모임을 만들었어요.
모임이 커지자 연습할 공간을 찾기 힘들었죠.
이럴 바에 내가 직접 차려보자는 생각이 들었어요.
❞

다. 그렇게 자신의 이니셜을 딴 브랜드 '제이엔터'를 만들었다. 가맹점 형태가 아니라 로열티 없이 브랜드를 사용하는 조건을 달고 컨설팅에 나섰다. 댄스 크루처럼, 수직 관계가 아닌 수평 관계를 지향했다. 모든 입지를 직접 찾아주고 운영 방법도 교육했다. 처음에는 20곳을 목표로 삼았지만, 3년여 만에 70호점을 돌파했다.

단기간에 매장을 빠르게 확장할 수 있었던 비결은 공간을 찾는 노하우 덕분이었다. 댄스연습실의 타깃은 대중교통을 주로 이용하는 10대부터 30대까지 젊은 층이다. 그래서 공간에 주차 여건을 고려하지 않아도 무방하지만, 역이나 정류장에서 400미터 이상 멀어지면 곤란하다. 그는 지하철역과 버스 정류장 인근 400미터 안에서 월세가 저렴한 매물을 공략한다. 월세가 싼 데는 이유가 있다. 대부분 물이 샌다든가, 보수 비용이 많이 든다. 그래서 공간을 수선하고 개선해주는 대신 건물주와 협상해 혜택을 얻어내는 전략을 사용한다. 연습실은 기존 상가들이 꺼리는 지하 공간이나 건물 안쪽에 있어도 오히려 소음 문제에서 자유롭고, 프라이빗한 느낌을 주기 때문에 좋다. 젊은 층이 모여들면 주변 상권도 활기를 되찾아서 공간 재생 효과도 크다.

대신 언덕 지형은 피해야 한다. 눈이나 비가 오면 접근성이 매우 낮아지기 때문이다. 역에서 400미터 이상의 거리에 있더라도 월세 대비 공간이 넓은 매물이라면 승산이 있다. 제이엔터 강남 중앙점의 경우가 대표적인 성공 사례다. 평균적으로 월세 50~100만 원 사이,

보증금 500~1,000만 원 사이의 매물을 얻는다. 최근처럼 경기가 좋지 않을 땐, 저렴하게 경매로 나온 매물을 사는 점주도 있다. 제이엔터 태릉점과 하안점이 그렇다. 이 경우, 고정 비용이 낮아져 빠른 수익 전환이 가능하다. 평균적으로 3개월이면 순수익이 발생한다.

월 매출은 150~300만 원대로, 투자 대비 수익률은 35퍼센트다. 보통 점주들은 두세 개 매물을 동시에 운영하며, 네 곳 이상 운영하는 점주들도 있다. 네 곳 이상 운영하는 점주들은 월 1,000만 원대의 고정 매출을 가져간다. 특이하게도, 점주들 대부분이 회사에 다니며 부수입을 올리고 있다. 그들 또한 N잡러인 셈이다.

사업이 잘돼도 그는 여전히 '로열티 제로'를 고집하고 있다. 처음 사업을 시작할 때 느끼는 막막함을 그 누구보다 잘 알기 때문이다. 다른 사람들에게 노하우를 알려주고 싶다는 생각에 애초부터 로열티는 생각하지도 않았다. 요즘 같은 시대에 '의리'로 뭉치는 것이 가능한지 되묻는 사람도 많다. 하지만 어느새 작은 댄스 동호회가 점주들의 네트워크로 연결되면서 새로운 비즈니스 커뮤니티 모델을 만들었고, 점주들이 협력해 자체적으로 브랜드 로고도 제작했다.

그럼에도 여전히 몇몇 사람은 "사기꾼 아니냐"는 말을 하기도 한다. 가맹비를 안 받는다고 하면서 인테리어 비용으로 덤터기를 씌우지는 않을지 의심하기도 한다. 그는 의심을 지우기 위해 모든 사업 내용을 투명하게 공개한다. 예비 점주들과 만날 때면 미팅 시간의 절반을 사업 비전을 소개하는 데 쓴다. 그 내용을 매뉴얼화하자 강의 콘텐츠가 됐고, 지금의 점주 교육 프로그램으로 이어졌다.

아무리 바빠도 그는 늘 하루 일과를 부동산으로 시작한다. 아침마다 매물을 보고, 예비 건물주를 만나 미팅하고, 공사 계획을 짜고, 자재를 도매로 직접 구매해 점주들이 적정 비용으로 창업하도록 돕는다. 1주일 내내 밤낮 구분 없이 클라이언트와 부동산 미팅을 갖기도 한다. 지금까지 모든 매물을 직접 보고 확인한 후에 계약했는데, 눈으로 본 부동산 매물만 1,000개에 달한다. 자연스럽게 상권을 보는 안목이 높아졌다.

대중에게 여전히 댄스연습실은 낯설다. 하지만 그는 30년 전 노래방이 대중화되기 시작하던 때와 비슷하다고 강조한다. 과거에는 음주가무가 저속하고 헛된 일로 여겨졌지만, 현재를 보라. K팝의 영향으로 어린아이들도 춤을 추는 시대다. 남녀노소 즐기는 건전한 여가시설로 인식이 바뀌고 있는 만큼 댄스연습실시장의 성장은 지금부터가 시작이다. 그의 꿈은 '공간대여계의 백종원'이 되는 것이다. 전국에 버려져 있는 공간을 재생해 새로운 문화시설로 만들겠다는 그의 포부가 진정성 있게 느껴지는 건, 그가 지금까지 보여준 '함께하는' 행보 때문일 것이다.

"좋아하는 것이 어느새 비즈니스가 됐네요. 단순히 유명한 호스트를 넘어서 지역의 버려진 건물의 가치를 높이고, 댄스, 연기, 뮤지컬을 하는 이들을 즐겁게 만드는 대한민국 넘버원 '로컬브랜더'가 되고 싶습니다."

6

나의 불편함이 상품이 된다!
프리랜서가 만든 프리랜서 플랫폼

이지태스크 대표 | 전혜진 46세 | 연 매출 약 10억 원(2023년 기준, 부가세 포함)

제대로 된 프리랜서 플랫폼이 없어 직접 만들었어요.
단기 일자리도 '경력'이 되는 세상을 만들고 싶습니다.

전혜진 씨는 1990년대 금속재료공학을 전공했다. 졸업 후 곧바로 취업하려고 했지만, 지원서를 낼 때마다 번번이 낙방했다. 그렇다고 가만히 앉아서 낙방 소식만 기다릴 순 없었다. 자신을 받아줄 회사가 없다면 내가 회사를 만들자고 생각했다. 그렇게 20대부터 사업에 도전했다. 중고로 명품 시계를 사들여 고친 후에 다시 판매하기도 하고, 일본에서 고양이를 수입해 팔기도 했다. 음식점부터 어린이집까지 운영했지만, 사업을 키우는 데는 한계가 있었다. 전문적인 지식을 쌓기 위해 다시 대학에 진학했다. 창업 과정 석·박사까지 수료했지만, 사회에서는 20년이 넘는 창업 경력을 제대로 인정받지 못했다. 4대 보험이 적용되지 않는 일을 하면, 전문성 없는 프리랜서 취급하기가 일쑤였다.

프리랜서 경력을 제대로 인정해주는 플랫폼도 없었다. 오기가 발동했다. 제대로 된 플랫폼이 없다면 내가 나서 볼까. 때마침 코로나로 인해 원격근무를 하고 있거나 시행하는 회사가 늘어나는 추세였다. 플랫폼 콘셉트를 고민하다 일손이 부족한 1인 사업자나 초기 스타트업을 타깃으로 한 프리랜서 플랫폼이 좋겠다는 생각이 들었다. 그의 실제 창업 경험이 사업 아이템이 된 것이다.

그도 언제나 혼자서 모든 잡무를 처리하느라 밤을 새우기 일쑤였다. 그러다 보니 본업을 제대로 키우지 못했다. 고객을 관리할 조직이나 콜센터를 두는 것은 엄두도 못 냈다. 대기업들은 외부 하청(비즈니스 프로세스 아웃소싱, BPO)을 통해 한번에 대거 고용해 운용하는데, 스타트업이나 1인 사업자들은 규모가 작아 운용이 불가능했다. 소규모로 외부 하청을 주면 오히려 관리 비용이 더 커졌다. 한 명을 고용하면 전담 관리자도 한 명 필요하니, 배보다 배꼽이 더 큰 셈이다. 간단한 업무를 프리랜서에게 맡기면 비용도 절감하고, 관리도 쉽겠다고 생각했다. 그렇게 2020년 프리랜서 매칭 플랫폼, '이지태스크'를 창업했다.

우선, 카카오택시를 벤치마킹해 프리랜서 매칭 시스템을 개발했다. 매칭 시스템은 개인의 능력이나 업무 특성을 분석한 뒤 데이터

66

프리랜서로 오래 일했어도 제대로 경력을
인정받지 못한다는 느낌을 받았어요.
그건 플랫폼에서도 마찬가지였죠.
제대로 된 플랫폼이 없다면 내가 한번 나서 볼까 생각했어요.

99

를 기반해 연결해주는 방식이다. 만약 A 기업의 디자인 업무를 잘했던 프리랜서가 있다면, B 기업이 디자인을 맡길 때 가장 먼저 추천해주는 것이다. 알고리즘을 통해 사람의 개입 없이 24시간 매칭이 돌아간다. 화상회의를 통해 원격으로 업무 지시도 가능하다. 플랫폼을 통해 매칭에서 소통, 정산까지 모두 비대면으로 이뤄진다.

플랫폼이 제공하는 업무는 크게 세 가지 형태로 구성된다. 시장조사와 문서 작업 그리고 디자인 작업. 이 흐름은 업무의 시작과 끝을 의미하기도 한다. 플랫폼은 기업들이 프로젝트에 필요한 자료를 모으는 '시장조사'부터 시작하도록 유도한다. 그다음으로 시장조사한 자료를 문서화할 수 있게 '문서 작업'으로 이끌고, 이후에는 인포그래픽으로 완성하는 '디자인 작업'으로 연결한다. 단발성으로 업무가 끝나는 것이 아니라 유기적인 흐름이 가능하도록 구성한 것이다.

플랫폼은 프리랜서에게 이득이었다. 단순히 인턴십을 하는 것보다 실제 현업에 대해 더 잘 배울 수 있기 때문이다. 기업들의 인턴십은 흔히 '티슈 인턴'이라고 불린다. 마치 필요할 때 뽑아 쓰고 버리는 티슈처럼, 기업이 현업을 제대로 가르치지도 않는 데다 기간을 마친 후 정규직으로 취업 전환도 안 하기 때문이다.

플랫폼에서는 현업에서 실제로 쓰이는 작업 툴을 이용해 간접적으로 업무를 경험할 수 있다. 엑셀처럼 한 가지 일만 잘해도 그 분야에서 계속 일할 수 있으며, 합리적인 대가는 물론, 경력 증명서도 발급받을 수 있다. 커피숍이나 편의점과 같은 아르바이트는 아무리 일을 잘해도 다음 단계가 없다. 하지만 플랫폼 안에서는 가능하다. 성장하지 않는 일자리가 아니라 성장하는 일자리를 경험한다. 간접 경험을 통해 본인의 부족한 점을 배우고, 직장 상사와의 업무 소통을 경험한다. 플랫폼을 잘만 활용하면 누구나 '경력 같은 신입'으로 거듭난다. 경력이 단절된 여성이나 은퇴한 시니어에게도 플랫폼은 기회의 공간이다. 3년 만에 플랫폼에서 일하는 프리랜서의 숫자가 2만 5,000명을 넘어섰다. 그중 2030세대가 1만 9,000명으로 가장 많고, 여성의 비율도 높다. 육아와 재택근무를 병행하려는 여성들이 이 플랫폼을 통해 안정적으로 일하고 있다.

뿐만 아니라 기업들의 생산성도 높아졌다. 기업은 모든 작업을 시간당 결과물로 한눈에 볼 수 있다. 작업자가 고객에게 평균 몇 번 전화했는지, 문서 작업은 얼마만큼 하는지, 플랫폼이 제공하는 데이터를 통해 분석이 가능하다. 작은 스타트업들은 핵심 인력만 유지한 채 타이트한 운영이 가능하다. 큰 기업에 다니는 억대 연봉 근로자들도 회사일을 하다 보면 시급 1만 원짜리 잡무를 해야 할 때가 있다. 이때 플랫폼을 이용해 업무를 분업화하면 직원들은 고효율 업무에만 집중할 수 있어 효율적이다.

이지태스크는 현재 400개의 고객사를 확보했으며, 앞으로 더욱 확대할 계획이다. 지난 2년간 프리랜서들을 모으는 데 집중했다면, 이제는 일감의 질을 높여야 하기 때문이다. 수요와 공급의 비율을 맞춰야 시장이 더욱 커진다는 사실을 그는 잘 알고 있다.

이제 시작일 뿐이다. 우리나라의 프리랜서 생태계는 여전히 가야할 길이 멀다. 해외와 달리 국내 프리랜서들의 여건과 처우는 열악하다. 시장조사기관 스태티스타에 따르면, 미국에서 약 6,800만 명(2022년 기준)의 근로자가 긱 워커(초단기 근로자)로 일하고 있으며, 2028년에는 미국 내 근로자의 50퍼센트가 긱 워커로 대체될 것으로 전망한다. 최근 우버 노동자들도 노동법 테두리 안에 있다는 판결이 나오기도 했다. 일부 국가에서는 프리랜서 자격증을 발급하며, 자격증이 있는 노동자들은 누구나 협회의 복지 혜택을 누릴 수 있다. 국내에서도 억대 연봉을 버는 '슈퍼 프리랜서'들이 늘고 있지만, 금융과 복지에서는 여전히 사각지대에 놓여 있다. 시니어와 청년층을 위한 틈새 일자리가 필요한데, 정부에서는 4대 보험이 적용되는 일자리가 아니면 관심이 없는 것 같다.

또다시 그가 팔을 걷고 나섰다. 현재 그는 프리랜서들을 위한 자체적인 복지 혜택을 마련하고 있다. 그중 하나가 디지털 노마드를 위한 워케이션 프로그램이다. 제주관광공사와 협업을 통해 진행하는 이 프로그램은 우수 프리랜서로 선정된 사람들에게 제주의 풍광 아래서 일도 하고 여가도 즐길 수 있는 기회를 제공한다.

시니어 일자리도 늘릴 계획이다. 정년이 끝나도 일하기를 원하는 사람들이 늘고 있다. 그는 그들이 가진 업무 노하우를 기업들이 활용할 수 있도록 토대를 만들고 있다. 시니어들을 매니저 과정으로 교육해 중간 기획 관리자 역할을 맡길 계획이다. 이를 위해 MG새마을금고, SK행복나눔재단 등 대기업들과도 협업 중이다.

프리랜서 플랫폼을 통해 인생의 2막을 살게 된 사례도 늘고 있다. 자신이 맡았던 포트폴리오를 SNS에 올리며 여전히 한 사람으로서 살아 있음을 느꼈다고 고백한 경력 단절 주부, 비대면으로 함께 일했던 회사와 꾸준히 업무를 하면서 아예 신입으로 채용된 청년처럼, 곳곳에서 희망찬 후기가 들려올 때마다 이 일에 도전하길 정말 잘했다는 생각이 든다. 사각지대에 놓인 프리랜서들의 처우 개선을 거듭 강조하면서 그는 말을 매듭지었다.

"프리랜서들은 여전히 대출도 쉽게 못 받고 신용카드도 못 만드는 금융 사각지대에 있어요. 꾸준히 돈을 벌어도 인정이 되지 않아요. 저도 한 번도 4대 보험을 받아본 적이 없었죠. 프리랜서시장이 점점 커지고 있는 상황에서 사회가 함께 고민해주길 소망합니다."

7

오래 방치된 펜션을
워케이션 허브로 탈바꿈하다

제주와일드 공동 대표 | 박영미 58세

논짓물 해변에 방치된 펜션을 덜컥 계약했어요.
워케이션 공간 하나로 대기업들을 불러들였죠.

⌄

박영미 씨는 베테랑 마케터다. 30여 년간 홍보 대행과 프로모션 이벤트를 기획하는 회사를 운영했다. 철저한 사업가면서 한편으로는 몽상가였던 그는 가슴 속에 작은 꿈 하나가 있었다. 여행을 다니면서 돈을 버는 디지털 노마드의 삶이었다. 시공간의 제약 없이 온라인으로 일을 할 수 있다니, 생각만 해도 설렜다. 인생의 후반기는 해외에서 살리라 다짐했지만, 아뿔사 코로나! 운명의 장난처럼 한순간에 해외로 가는 비행기가 전부 막혔다. 한때는 지구촌이라고 불릴 정도로 가깝던 세계였는데. 어쩔 수 없이 제주 여행으로 만족해야만 했다. 때마침 너도나도 한 달 살기 붐이 일던 시기였다. '그래 이때 아니면 언제 제주에서 한 달씩 살아보겠어.' 아쉬움은 잠시 뒤로한 채 마음을 다잡았다.

생각해 보니 제주도에 대해 아는 것이 없었다. 늘 가던 뻔한 성산 일출봉이나 우도, 쇠소깍 대신에 알려지지 않은 곳을 탐험하고 싶었다. 마치 제주에 불시착한 헤밍웨이가 된 듯 곳곳으로 발걸음을 옮겼다. 그의 롤모델이던 헤밍웨이는 기자 출신으로 세계를 여행하면서 그 지역의 역사와 인간을 공부했다. 미국 키웨스트와 쿠바 아바나 해변의 낚시광. 바다에서 보낸 수많은 시간과 열정이 그를 바다의 주인으로 만들었고, 결국 《노인과 바다》에 그 모든 것을 풀어 놓았다. 그 결과 노벨상까지 거머쥐지 않았나.

'헤밍웨이가 제주에 왔다면 어떤 마을에 묵었을까?'라고 상상했더니 제주가 달라 보였다. 보라색 무꽃이 하늘하늘 펼쳐진 무밭 한가운데서 춤을 추기도 했고, 편백 숲에서 홀로 명상하기도 했다. 제주의 박물관과 마을의 역사관을 다니며 주민들의 삶으로 들어갔다. 자동차도 빌리지 않고 버스를 타고 다녔다. 한 달이 세 달 그리고 1년이 됐다. 느린 여행을 통해 안 보이던 것들이 보였다.

그렇게 방랑자처럼 지내다, 마침내 오래 머물고 싶은 곳을 발견했다. 서귀포 예래생태마을의 논짓물이었다. 논짓물은 제주 바닷가 근처에서 솟아 나오는 용천수인데, 농사에는 쓰이지 못해 버려진다. 농부들에게는 야속하기 짝이 없어 '노는 물'이라고 불린다. 제주

박영미 씨가 반한 제주 논짓물 풍경

도시에 살든 시골에 살든 시간을 두고 차분히 생각하다 보면,
자신의 강점을 살려서 할 수 있는 일을 발견할 겁니다.
없는 직업을 스스로 만드는 창직의 시대이기도 하니까요.

사람들은 여기에 돌을 막아놓고 천연 풀장으로 이용하는데, 햇빛에 달궈진 바닷물과 시원한 논짓물이 합수해 수영하기에 딱이다. 도시의 화려한 수영장도 부럽지 않다. 제주 서남단 끄트머리에 있는 이 수영장을 보는 순간, 대륙 저 반대편 이베리아반도 포르투갈 출신의 세계적인 건축가 알바루 시자(Alvaro Siza)가 대서양을 바라보던 곳, 포르투의 레카 수영장이 떠올랐다.

그곳에서 우연히 논짓물이 내려다보이는 자리에 비어 있는 건물 한 채를 발견했다. 방이 20개인 4층짜리 건물로, 펜션으로 운영되다 손님이 끊겨 방치된 상태였다. 사실 제주의 바다와 산에는 짓다 만 콘크리트 건물들이 흉물처럼 방치된 곳이 많다. 중국인 큰손들이 광풍처럼 쓸고 지나간 자리는 마치 건설 쓰레기 처리장처럼 초토화됐다. 훤한 낮에도 귀곡산장처럼 흉흉했다. 이곳도 그런 수많은 빈집 중 하나였다. 제주에서 숙박 사업은 전망이 보이지 않았다. 호텔과 펜션이 넘쳐나는 데다, 무차별로 지은 빌라는 이미 공급과잉이었다. 국내 여행객이 끊기면서 한 달 살기는커녕 민박 손님도 없는 것이 현실이었다. 호텔과 가격 할인 경쟁을 해야 하니 답이 없었다. 계약을 망설였지만, 눈앞에는 논짓물이 아른거렸다.

그는 천혜의 환경을 갖춘 이곳을 '워케이션 정류장'으로 만들기로 결심했다. 단순히 펜션 간판만 바꾸는 것이 아니라 일도 하면서 제주만의 토속 콘텐츠를 체험할 수 있는 곳으로 공간 개념을 설정했다. 제주는 관광 인프라가 잘 갖춰진 곳이고 문화예술계 전문 인력도 많다. 지역의 인적 네트워크를 활용하면 충분히 사업성이 있겠다고 판단했다. 용도를 잃어버린 빈 건물이지만 워케이셔너가 모이는 공간이 된다면 또 하나의 문화콘텐츠가 될 수 있다는 생각이 들었다. 이곳을 베이스캠프로 해서 세계로 나가는, 새로운 여행 문화를 만드는 워케이션 플랫폼을 만들기로 했다.

그렇게 '제주도 헤밍웨이'의 고생길이 시작됐다. 중형 펜션을 덜컥 5년 임대로 계약하고 나니 드디어 눈앞에 닥친 현실이 보였다. 2년간 방치된 채로 비워둔 집은 그야말로 폭격을 맞은 것 같았다. 먼지는 산처럼 쌓였고, 나무로 된 곳은 썩지 않은 데가 없었다. 보수하고, 쓰레기를 치우고, 숙소에 넣을 새 가구와 침구류를 마련하는 등 적지 않은 비용이 나갔다. 보일러와 에어컨, 객실 내부시설까지 전부 교체했다. 청소와 리모델링에만 장장 1년이 걸렸다. 새집을 짓는 것보다 보수하는 비용이 더 무섭다는 게 무슨 말인지 이해가 갔다.

전체적인 인테리어 콘셉트는 '따로 또 같이'였다. 과거를 무조건 지우기보다 집의 역사와 흔적을 담아내는 데 초점을 맞췄다. 바다가 한눈에 보이는 공유 오피스와 저녁이면 즉흥 재즈 공연도 가능한 드럼과 기타, 피아노가 있는 라운지, 함께 음식을 해 먹을 수 있는 공유 주방을 만들었다. 귀곡산장 같던 건물이 점차 제모습을 찾았다.

리모델링이 끝났지만, 광고에 돈을 쓰진 않았다. 주인댁이 "나도 펜션을 홍보할 길이 없어, 결국 공실로 비워뒀다"고 조언했지만, 그는 서두르지 않았다. 블로그나 SNS를 이용한 무작위 광고는 워케이션 숙소의 취지와 맞지 않다고 생각했기 때문이다. 대신 '베테랑 온라인 마케터'의 경력을 살리기로 했다. 깊고 오래 머무는 여행을 지향하는 이들이 오기를 원했다. 결이 비슷한 사람들에게 진심을 전하는 일이 더 중요한 마케팅 활동이라고 생각했다.

그는 일반적인 호텔에서는 느낄 수 없는 '무언가'에 주목했다. 게스트가 그것을 체감하길 바랐다. 모든 숙소의 방 안에서는 창밖으로 해가 떠오르는 모습이 보인다. 날씨가 좋을 때는 한라산 생태공원까지 훤히 보인다. 가장 신경 쓴 부분은 지역과 연계한 여가 프로그램이다. 숙소에 머무는 이들과 친목 도모를 위해 MBTI 테스트를 하면서 서로를 알아간다. 갤러리 투어 전에 1시간 정도 큐레이터가 교육하고 함께 그림도 감상한다. 전문가와 함께 곶자왈 생태체험도 하고, 고양이 마을을 찾아 그림도 그린다. 2주간 제주의 속살을 알아가는 다양한 프로그램을 제공한다. 밤에는 늦은 시간까지 와인이 무르익듯 서로 대화를 한다.

산티아고 길을 걷는 이들이 알베르게에서 여행자들과 만나는 것처럼, 제주의 다른 숙소에서는 맛보지 못한 경험을 제공한 것이 통했다. 전체를 통으로 대관하려는 기업들의 임대 문의가 쇄도했다. 단골 기업들은 아예 방 안에 컴퓨터 보안 시스템을 설치해 15일씩 직원들을 로테이션으로 보내고 있다.

제주시로부터 공식 워케이션 실행기관으로 지정도 됐다. 기업들이 민간 워케이션 공간에 직원들을 보내면 제주시에서 1인당 1박에 3만 원, 여가 활동비까지 최대 52만 원을 지원해준다. 비어 있던 숙소도 살리고, 제주에서 활동하는 작가들과 연계해 여가 프로그램도 만들면서 새로운 시장이 활성화되고 있다.

해외 플랫폼과의 협업도 활발하게 추진하고 있다. 제주도 관광 시장은 내국인만으로는 성장에 한계가 있다. 국내 관광객이 해외로 빠져나가고 있기 때문이다. 외국인 관광객들이 서서히 들어오고 있지만, 크루즈 단체 관광객들은 대형 호텔에서 지낸다. 중소규모의 숙박업체가 생존하려면 외국인 단체 여행, 개인 배낭여행족을 유인해야 한다. 해답의 열쇠는 워케이션이다. 앞으로 일본의 대표적인 플랫폼 고투닷컴과도 제휴해 디지털 노마드들이 제주에서 일하면서 관광할 있도록 생태계를 키워나갈 계획이다.

지역 텃세를 뚫고 성공적으로 제주에 정착하게 된 비결은 '제주도민의 삶 속으로 들어간 것'이다. 초기에는 다양한 곳에서 텃세를 경험했다. 간단한 문서 하나 발급받는데 하세월이 걸리는 것은 애교였다. 외지인들이 제주도민과 비즈니스 한다고 하면 다들 말린다는 얘기가 사실이었다.

하지만 그는 뒷걸음치지 않고 제주도민들의 삶과 역사를 공부했다. 그들을 이해하니 많은 문제가 쉽게 해결됐다. 지금의 매물을 계약하기 전에는 집주인과 매주 식사를 하며 가족처럼 지내면서 속이야기를 나눴다. 그리고 마을에서 종교 활동을 하면서 서서히 뿌리를 내렸다. 그렇게 쌓은 인적 네트워크가 사업에 힘이 됐다. 외지인들이 해결 못 하는 문제들도 지역 사람들이 도와주니 단번에 풀렸다. 어느새 동네에서 부동산 매매를 원하는 이들이 그를 가장 먼저 찾을 정도로 토박이가 됐다.

다들 제주살이를 꿈꾸지만, 결국 실패하는 이유로 사람들은 '할 일이 없다'를 꼽는다. 그는 제주살이에 안착하려면, 적당히 노동하고 자유 시간에 제주를 탐구하라고 조언한다. 이곳에는 청소 용역을 다니거나 마트와 식당에서 시간제로 근무하며 자유 시간을 보내는 사람도 있고, 제주 특산물인 귤이나 농산물로 2차 상품을 개발하면서 온라인 판매를 하는 사람도 있다. 또 평일에는 시간제로 근무하면서 주말이면 플리마켓에서 작품을 판매하는 예술가도 있다. 이처럼 제주에는 일과 삶을 즐기는 각양각색의 인생이 있다. '할 일이 없다'고 체념하기보다 자신만의 일을 찾아 나서는 사람에게 제주도는 더없이 멋진 기회를 제공한다.

"제주도는 참 할 것이 많아요. 사회가 다변화되고 온라인 유통시장이 활성화돼 있으니 도시에 살든 시골에 살든 시간을 두고 차분히 생각하다 보면, 자신의 강점을 살려서 할 수 있는 일을 발견할겁니다. 없는 직업은 스스로 만드는 창직의 시대기도 하니까요."

8

마흔 살에 광고모델에 도전한 주부, 쇼핑몰 대표가 되다!

김여사몰 대표 | 김은영 50세 | 월평균 매출 1억 6,000만 원

지금의 중년 여성은 과거와 달라요.
2030세대의 패션 유행을 지켜보고 접목한 것이 통했죠.

⌄

김은영 씨는 대학 졸업 후 작은 회사의 비서로 사회의 첫발을 내디뎠다. 취업했다는 기쁨을 채 만끽하기도 전에 남자친구의 아버지가 위암으로 6개월을 선고받았다는 소식을 들었다. 다른 생각을 할 겨를도 없이 스물넷 꽃다운 나이에 결혼식을 올렸다. 때는 1997년 IMF 시기. 외환위기로 인해 모두가 힘든 시절이었다. 사회 초년생이던 부부에게 모아둔 돈이 있을 턱이 없었다. 화곡동 언덕 꼭대기 단칸방에 신혼살림을 차렸지만, 그마저도 부부에게는 기쁨이었다.

시간이 흘러 목동에 첫 집을 마련하고 '이제는 고생이 끝났구나'

생각한 순간, 몸의 이상을 느꼈다. 온몸에 염증과 궤양이 돌아가며 발생했는데 도무지 낫지를 않았다. 대학병원에서 '베체트 병' 의심 진단을 받았다. 눈 안에 염증이 생기면 실명할 수 있고, 수술이나 완치 방법이 없는 희귀병이었다. 의사는 그에게 "평생 공주님처럼 병원만 다니고 집에서 살아야 한다"고 말했다. 당시 나이는 고작 서른둘이었다.

몸무게가 46킬로그램까지 빠졌다. 살림을 할 수 없을 정도로 몸에 기운이 없었다. 이렇게 병에 매여 살다가 죽기는 싫었다. 4년간 투병한 뒤 3개월 치 약을 받고 병원에 발길을 끊었다. 그리고 걷기 시작했다. 처음 도전한 운동은 스틱을 잡고 걷는 노르딕 워킹이었다. 규칙적으로 꾸준하게 몸을 움직이자 점차 건강을 되찾았다.

내 몸이 건강해지자, 이번엔 아이가 문제였다. 중학교 1학년이 된 아이에게 사춘기가 심하게 왔던 것이다. 매일 아이와 싸우다 보니, 평생을 엄마로 살아왔던 삶이 허무해졌다. '나는 누구인가'라는 고민에 빠졌고, 마음에 병이 찾아왔다. 마흔을 1년 앞두고 인생에서 두 번째 사춘기를 맞았다. 더는 누구 엄마가 아닌 인간 김은영으로 살고 싶었다. 그렇게 현관문을 박차고 나왔다.

우선 자신이 할 수 있는 일을 찾았다. 마트에서 일하든, 정수기를 팔든, 학습지를 가르치든 한 달에 50만 원이라도 벌어보자 생각했다. 그러다 평생의 꿈이었던 광고모델을 하기로 마음을 먹었다. 주위에서 비아냥거리는 소리가 들려왔다. "마흔 살이 무슨 모델이

> 마흔 살에 평생의 꿈이었던 광고모델에 도전했어요.
> 마흔 살이 무슨 모델이냐는 이야기를 정말 많이 들었어요.
> 하지만 '내 삶은 오롯이 내 것'이라는 것 아셨으면 좋겠어요.
> 결국 뭔가에 도전하는 것도, 도전하지 않는 것도 나의 몫이죠.

냐?", "편하게 살 나이인데 굳이 고생길을 가니?"는 애교였다. "어디 잘되나 두고 보자"라는 말도 들었다. 하지만 더는 두려울 것이 없었다. 그렇게 인터넷에서 주부모델에 대해 검색해 에이전시의 문을 두드렸다.

처음에는 광고모델로 얼굴을 알렸다. TV와 회사 홍보영상, 지면에도 그의 얼굴이 들어간 광고가 나갔다. 그러다 패션 피팅모델에 도전했다. 한국을 넘어 중국에서까지 러브콜이 들어왔다. 그렇게 10여 년간 베테랑 모델로 활동하던 도중 코로나가 터지면서 일감이 전부 끊겨버렸다.

뭘 할지 고민하다, 직접 옷을 팔아보자는 생각에 쇼핑몰을 차렸다. 모아둔 돈 1억 원을 투자해 동대문 근처에 사무실을 얻었지만, 막막했다. 평생 옷을 입어만 봤지, 어디서 가져와 누구에게 팔아야 하는지 전혀 알지 못했다. 그는 동대문시장을 돌면서 시장조사를 하다가, 자신과 같은 중년 여성에게 적합한 옷을 구매해 팔기로 했다.

그의 패션 철칙은 '젊게, 세련되게, 넉넉하게'다. 요즘 중년 여성의 옷은 절대 촌스럽지 않다. 현재 중년 여성들은 과거보다 몸과 마음이 훨씬 젊고, 패션 안목도 좋다. 그래서 디자인에도 신경을 쓸 수밖에 없다. 2030세대 여성들의 패션 유행을 눈여겨보다 중년 여성들에게 맞춰 적용했다. 안 팔리면 고스란히 재고를 떠안아야 해 항상 트렌드에 민감해야 한다. 피팅모델로 일하면서 트렌드를 보는 감각을 익힌 것이 도움이 됐다. 수시로 동대문시장을 찾아 발품을 팔면서 브랜드가 출시하는 최신 제품들을 살폈다. 백화점 중년 코너에도 자주 들렀다. 회사에 샘플이 들어오면 활동에 불편함이 없는지 전부 입어보고 원단까지 확인 후에야 쇼핑몰에 올릴 이미지 촬영을 시작했다.

쇼핑몰을 시작한 2년 동안은 모든 후기에 답글을 달면서 단골을 늘렸다. 고객들과 실시간으로 소통하고 원하는 제품군을 늘려갔다. 직원은 어느새 아홉 명으로 늘었다. 2020년 7월 쇼핑몰을 오픈한 이후 매년 실적이 상승해, 월평균 매출은 1억 6,000만 원에 달한다. 이 모든 성과는 '꿈에는 늦은 나이가 없다'는 그의 철학이 빚어낸 결실이다. 오늘도 또 다른 문을 열기 위해 그는 거침없이 길을 나선다.

"많은 중년 여성이 '내 삶은 오롯이 내 것'이라는 걸 아셨으면 좋겠어요. 물론 현관문을 열고 안락한 집을 벗어나는 것이 쉽지 않아요. 하지만 그 문을 열지 않으면 우리는 우리의 엄마와 똑같은 삶을 살아가게 됩니다. 저처럼 새로운 세상에서 함께 성장해나가길 바랍니다."

9

다리에서 노숙하던 의사 지망생에게 찾아온 인생 대반전의 기회

마케스터즈 대표 | 최재우 36세 | 월 1,000만 원 이상

아내에게 한 달만 시간을 달라고 했어요.
그렇게 코딩을 공부한 덕분에 매달 수천만 원씩 벌게 됐죠.

︾

그는 유목민처럼 살았다. 어린 시절 부모님이 친척에게 사기를 당하면서 가세가 급격하게 기울었다. 중학교를 졸업하자 쫓기듯 미국 유학길에 올랐지만 부모님에게서 도움을 받을 형편이 안 됐다. 일을 하면서 학비와 생활비를 버는 것이 당연했다. 공부를 잘했기에 막연하게 의사가 되고 싶다고 생각했다. 거창한 꿈을 갖기보다 안정적이고 현실적인 직업을 원했다. 미국에서 '이방인'이 아니라 '미국인'으로 뿌리를 내리고 성공하고 싶었다. 대학에서 뛰어난 성적을 거뒀지만, 학비가 도저히 감당이 안 됐다. 학자금대출을 받으려

면 영주권이 필요했다. 당장 돈을 벌어야겠다는 생각에 간호학과에 들어갔지만, 2009년 졸업 후 서브프라임 금융위기가 터졌다. 빗겨 가나 했던 삶의 굴곡이 다시 한번 그를 휘감은 순간이었다.

영주권이 없는 이방인들은 정규직으로 취업할 길이 막혔다. 사태가 해결될 때까지만이라도 버텨야겠다는 생각에 단기 알바로 연명했다. 수학 조교, 편의점, 식당, 치기공 세일즈맨, 골프웨어 세일즈맨, 막노동, 중국 식당 웨이터, 화상영어 선생님까지 수십 개의 직업을 전전했다. 잠잘 곳마저 없어 친구에게 한 달에 120달러를 주고 그 집 소파에서 잠을 잤다. 그런데 그 친구에게 사기를 당하고 돈과 짐을 빼앗겨 길거리로 나앉게 됐다. 그렇게 학교 근처 다리 밑에서 노숙자로 살았다.

사람에게 속아 갈 곳 없는 처지가 됐지만, 또다시 버팀목이 된 것은 다름 아닌 사람이었다. 또 다른 친구의 소개로 호스피스 간호사 일자리를 얻게 된 것이다. 어렵게 들어간 호스피스 병동은 현실과 달랐다. 인생의 마지막을 맞이하는 종착역에는 무거운 공기가 맴돌았다. 병상에는 숨도 제대로 못 쉰 채 기계에 의존해 살아가는 사람들이 누워 있었다. 그들 옆으로 한때 건강하고 잘나가던 시절에 찍은 사진들이 보였다. 가족이 있는 이들의 곁에는 가족사진과 꽃다발이 있었지만, 그렇지 않은 이들은 쓸쓸한 정적뿐이었다. 인생에서 가족이 가장 중요하다는 것을 깨달은 순간이었다.

2012년 군복무를 하기 위해 한국으로 돌아와 10여 년 만에 부모

66

돈은 결국 사람에게서 받는 거예요.
의사든, 연예인이든, 상인이든,
기술이 아무리 발전해도 결국 사람에게
팔아야 한다는 사실은 변하지 않아요.

99

님을 만났다. 어느새 두 분 모두 나이가 든 모습이었다. 얼마쯤은 완전히 남남처럼 낯설게 느껴졌다. 더 늦기 전에 그들 곁에 있어야겠다고 생각했다. 이제 미국인이 아니라 한국인으로서 한국에 살아야겠다고 다짐했다.

군복무 이후 그는 한국에 정착해 살길을 찾았다. 처음에는 발전기 사업에 뛰어들었다. 서울시 창업센터에 들어가 지원금도 받았지만, 수익성이 좋지 않았다. 개인이 하기에는 사업 문턱이 높았다. 직원들 월급이 밀리자 막노동까지 해야 했다. 사업을 정리하고 이번에는 그의 유일한 취미였던 운동 경험을 살려 헬스장을 차렸다. 그곳에서 지금의 아내를 만났다. 당시 전 재산이 10만 원이었지만, 프러포즈에 성공했다. 그렇게 연애 3개월 만에 결혼에 골인했다.

가장이 되자 어깨가 더욱 무거워졌다. 아이를 잘 키워야 한다는 생각에 정규직 자리를 찾아 헤맸다. 그러다 국제학교 상담 선생님으로 취직에 성공했다. 미국에서 일했던 경력과 영어 실력이 도움이 됐다. 하지만 정부에서 특목고를 없애는 정책을 발표하면서 또다시 위기가 왔다. 학교를 살려야겠다는 생각에 밤낮없이 일해 정상화했더니 돌아온 건 토사구팽이었다. 사람들 간의 정치싸움에 결국 진절머리가 났다. 당시 아내의 배 속에서는 둘째가 자라고 있었다.

선생직을 내려놓자, 이번엔 집을 짓는 목수가 되고 싶었다. 땀을 흘려 만든 집을 선물처럼 주는 일을 꿈꿨다. 전국 어디든 여행하면서 일도 할 수 있는 것도 매력적이었다. 하지만 가족과 떨어져 지내야 해서 결국 포기했다. 가족과 함께 움직이면서 할 수 있는 일을 찾았고, 결국 코딩을 배우기로 결심했다. 코딩 개발자야말로 '디지털 부동산'을 짓는 목수라고 생각했다. 아내에게 딱 한 달의 시간을 달라고 했다. 실패하면 막노동이라도 뛰겠다고 설득했다.

배수진을 치고 하루 4시간 이상 잠을 자지 않고 공부했다. 모든 자료는 유튜브와 영문 자료를 통해 얻었다. 독기를 품은 결과 단 3주 만에 코딩을 익히는 데 성공했다. 그렇게 코딩 전문가들이 모여 있는 플랫폼에서 첫 프로젝트 일감을 따냈다.

바로 '웹사이트 최적화' 서비스였다. 쉽게 비유하자면 홈페이지를 집처럼 수리하는 일이다. 국내의 업체들은 대부분 홈페이지만 만들어놓고 관리는 전혀 하지 않는다. 어떤 키워드를 넣어야 포털 검색에서 상위에 노출되는지 모른 채, 대부분 광고비를 써 마케팅한다. 구글의 경우 분기마다 검색 가이드라인을 제시한다. 그 기준에 맞춰 사이트를 정비해놓으면 광고비를 쓰지 않고도 상위 노출이 가능하다. 한국에서는 아직 낯선 최적화시장을 공략했다.

초기에는 웹사이트 최적화를 아무리 설명해도 일감을 따기가 힘들었다. 결과물이 눈에 보이는 일이 아니었기 때문이다. 사람들의 후기가 필요했다. 아무런 정보가 없는 개발자에게 돈을 주고 일을 맡기지 않았다. 그는 가격을 대폭 낮췄다. 10만 원은 받아야 할 일이라면 5,000원에 했다. 가격의 가치를 아는 이들 사이에서 입소문이 났다.

신뢰를 얻기 위해 그만의 방식을 접목했다. 사전에 결과물을 '아파트 견본주택'처럼 한눈에 볼 수 있게 만들었다. 클라이언트에게 최대한 많은 정보를 투명하게 전달해, 의도치 않게 오해가 생길 부분을 사전에 없앴다. 원하는 결과물을 실제로 얻을 수 있는지도 철저하게 테스트했다. 실물 부동산처럼 관리 대행 업무도 하고 있다. 웹사이트 관리를 통해 지속해서 월세를 받는 구조를 만들었다.

그렇게 꿈에 그리던 디지털 유목민이 됐다. 매달 수천만 원의 수익을 거두며, 가족들과 홍콩과 유럽, 동남아 등으로 여행을 하면서 돈 걱정 없는 삶을 살고 있다. 사업은 번창했지만, 아이러니하게도 행복하지 않았다. 눈앞에는 야자수와 해변이 보였지만, 머릿속은 온통 업무에 대한 스트레스로 가득했다. 더 이상 유목민이 아닌, 일에 묶인 평범한 회사원처럼 일하고 있는 자신을 발견했다.

욕심을 버리고 '내가 왜 이 일을 선택했는지'를 되돌아봤다. 박리다매로 일하던 방식을 버리고, 금액이 높은 큰 프로젝트만 맡았다. 혼자 모든 일을 전부 해야 했던 1인 기업에서, 프로젝트마다 함께 분업하는 '아메바 조직'을 만들었다. 그는 기획 총괄을 담당하고 플랫폼을 통해 그때그때 필요한 개발자를 뽑아 협업했다. 일하는 시간과 스트레스는 훨씬 줄어들었지만, 수익은 더 커졌다.

디지털 유목민은 자녀 교육도 남다르다. 그는 아이들에게 오직 코딩과 금융만 가르친다. 코딩은 디지털 세계를 보는 눈이고, 금융은 현실 세계를 보는 눈이기 때문이다. 금융 교육의 목적은 단순히 돈을 잘 벌기 위한 것이 아니다. 금융은 세상이 돌아가는 원리를 가르치기 위함이다. 돈이란 물질적인 가치이자 상징적인 의미일 뿐, 그 자체에 매이지 말라고 교육한다.

그렇다면 돈이란 무엇일까. 그는 '돈은 곧 사람'이라고 정의했다. 돈은 허공에서 떨어지는 것이 아니라 사람에게 받아 오는 것이다. 자신의 재능을 파는 의사든, 이미지를 파는 연예인이든, 물건을 만드는 상인이든, 기술이 아무리 발전하더라도 결국 내가 아닌 다른 사람에게 팔아야 하는 것이다. 다른 사람의 마음을 얻는다면 돈은 자연스럽게 따라온다. 그러기 위해서 먼저 사람을 가르치고, 그후에는 돈으로 얻을 수 있는 것을 가르쳐야 한다. 돈에서 가장 중요한 것은 '왜' 벌어야 하는지다. 자녀들에게 무언가를 알려줄 때 항상 '왜' 해야 하는지 먼저 가르친다. 주위에 자녀가 있다면 지금 당장 물어보라. 어떠한 대답이 나올지 궁금하지 않나. 그 대답이 아이의 미래를 결정지을 수도 있다.

그도 과거 학창 시절에는 학급회장 자리를 놓친 적이 없던 모범생이었다. 프로그램처럼 정해진 레일 위를 달리기 바빴다. 하지만 학교나 부모조차 '왜' 공부해야 하는지 가르쳐주지 않았고, 자신도 깊게 고민하지 않았다. 열심히 공부했던 이유는 막연하게 의사가 되면 돈을 많이 벌 수 있겠다고 생각했기 때문이다. 그처럼 학교에서 공부를 잘했던 이들은 지금도 회사에서 열심히 일하고 있다. 규율을 잘 따르고 사회에서도 잘 적응하고 있다.

하지만 규율을 따르지 않고 규칙을 깼던 다른 친구들은 자신의 사업을 차려 훨씬 크게 성공했다. 그들에게 공부는 하나의 도구지 그 자체가 중요한 것은 아니었다. 물론 규칙을 지키지 말라는 뜻은 아니다. 모든 사람이 제멋대로 행동한다면 사회를 유지할 수 없다. 우선 규칙을 '왜' 지켜야 하는지 알아야 한다. 그리고 단순히 규칙을 따르는 것으로 끝나지 않고 스스로 만들어나가는 법을 가르쳐야 한다. 예정대로 의사가 됐다면 안정적으로 돈을 버는 평범한 삶을 살았을 수도 있다. 하지만 레일 위를 벗어나보니, 자신이 가야 할 길이 보였다.

그의 유목민 생활은 아직 끝나지 않았다. 2024년 2월, 그는 한국을 떠나 독일로 이민을 준비 중이다. 이번에는 디지털이 아닌 오프라인 사업을 구상 중이다. 그는 지금까지 24가지의 다양한 직업을 가졌던 것처럼, 앞으로도 계획 없이 살겠다고 말했다.

"저는 계획을 하면 할수록 걱정만 늘어나는 성격입니다. 지금도 다음 단계로 넘어가지 않고 멈춰 있으면 도태되고 말 것이라고 느끼고 있죠. 도전은 머릿속에 갇혀 있지 않고 몸으로 움직이는 것입니다. 앞으로도 남들이 정한 틀 안에 살지 않고 계속 움직일 겁니다."

CHAPTER 5

그 분야에서만큼은
전문가가 돼라

집 사주는 부모가 아닌
집 사는 법을 알려주는 경매의 여왕

부동산경매 크리에이터 | 이현정 51세

부동산경매 노하우를 둘째 아들에게도 가르치고 있어요.
집 사주는 부모가 아닌, 집 사는 방법을 알려주고 있죠.

∨

이현정 씨는 1998년에 결혼했다. 외환위기의 영향으로 경제 상황이 녹록지 않았던 시기였다. 당연히 양가 부모님의 도움은 꿈도 꿀 수 없었다. 서른 살이 되기도 전에 두 아이의 엄마가 됐다. 전업으로 가사만 하기에는 살림이 나아질 기미가 보이지 않았다. 아이들에게 조금이라도 더 좋은 것을 먹이기 위해 취업 전선에 뛰어들었다. 설문지 아르바이트도 하고, 재무설계사와 학습지 교사도 했다. 그러던 중 서른아홉에 늦둥이 셋째를 낳았다. 결혼 후 10여 년간 누구보다 열심히 살았다고 자부했지만, 상황은 조금도 나아지지 않았다. 여전히 곰팡이가 가득한 빌라 셋방을 전전했다. 아이들의 인생이 달라지려면 뭐라도 해야 했다. 수중에는 마이너스 통장을 통해 끌어올 수 있는 2,000만 원뿐. 목표는 단 하나였다. 세 아이를 놀이터가 있는 깨끗한 32평 아파트에서 키우는 것이었다.

그렇게 부동산경매에 뛰어들었다. 노하우나 관련 지식이 있을 리가 없었다. 밤을 새워 경매의 절차와 과정, 경매 용어와 권리분석 등 기본적인 지식을 공부했다. 가진 돈이 얼마 없던 데다 처음부터 덜컥 복잡한 매물에 도전하기는 어려웠다. 법원 부동산경매 중에서도 크기가 작고 난이도가 쉬운 집들만 노렸다. 그렇게 두 달 만에 첫 낙찰에 성공했다. '내 집을 마련하는 것이 이렇게 쉬웠구나' 생각했다.

자신감이 생기자 속도가 붙었다. 아파트, 빌라, 오피스텔, 상가 등에 투자해 경매를 시작한 지 3년 만에 21채의 집을 보유하게 됐다. 9년간의 경매 경험을 모아 네 권의 책도 썼다. 그중 《나는 돈이 없어도 경매를 한다》로 10만 부를 판매해 베스트셀러 작가가 됐다. 평범한 주부에서 이제는 공인중개사를 가르치는 경매 전문가로 활동 중이다.

이제 스물셋이 된 대학생 둘째 아들에게도 경매 노하우를 가르치고 있다. 집을 사주는 엄마가 아니라 집을 사는 방법, 돈을 버는 방법을 알려주는 엄마가 되는 것이 목표다. 아들은 1년간 아르바이트를 해서 모은 700만 원을 종잣돈으로 경매에 도전했다. 초보

용기 있게 시작한 작은 도전 하나하나가 저를 이곳에 데려다주었어요.
변화를 꿈꾼다면 도전하세요.

자의 시선에서 어떤 지역과 매물을 골라야 하는지, 경매 절차는 어떻게 진행되는지 실전 경험을 쌓게 했다. 두 번째 도전 만에 4,100만 원짜리 낡은 빌라 낙찰받았다. 대출은 3,280만 원을 받았다. 취등록세(1.1퍼센트) 45만 1,000원, 법무비 100만 원, 인테리어 1,100만 원, 전세 중개수수료로 30만 원 등 총 1,274만 원의 추가 비용이 들었다. 보증금 2,000만 원에 월세 40만 원을 받고 세를 놓아 투자금을 회수했다. 월세를 받은 돈으로 대출이자를 갚으면서 다음 투자금을 모으는 중이다. 그 집의 현재 예상 매매가는 1억 원 정도다. 스물셋의 나이에 약 2,000만 원으로 자산 1억 원 만들기에 성공한 것이다.

경매 시작을 망설이는 이들에게 그는 관련 공부는 2개월이면 충분하다고 강조했다. 유튜브나 책, 온라인 강의만으로도 기본 지식은 충분히 쌓을 수 있다. 권리분석에 대한 노하우나 입찰가를 선정하기 위해서는 실제 진행하는 물건으로 연습해야만 실전 감각을 키울 수 있다는 조언도 잊지 않았다. 그의 다음 목표는 토지경매다. 토지경매는 상대적으로 경쟁이 덜해 저렴하게 취득할 수 있고, 부동산 가치를 높여 되팔 수 있는 분야다. 물론, 시행착오는 있겠지만 그럼에도 도전은 멈추지 않을 생각이다. 용기 있게 시작한 작은 발걸음이 지금의 자리에 데려다줬다는 사실을 잘 알기 때문이다.

"처음에는 남편조차도 '뭐 그렇게 열심히 사냐'라고 했어요. 저는 굴하지 않았죠. 서른아홉에 경매 투자를 시작하고, 마흔하나에 책을 쓰고, 마흔아홉에 유튜브를 하고, 끊임없이 공부했습니다. 돈도, 지식도 없이 용기 있게 시작한 작은 도전 하나하나가 저를 이곳에 데려다주었죠. 변화를 꿈꾼다면 도전하세요. 머지않아 간절히 바라던 모습의 나를 만날 수 있을 거예요."

부동산경매, 어떻게 시작할까?

1. 사야 할 집과 경매의 목적을 파악한다

집의 주거 형태(동거·전세·월세), 집을 사는 방법(청약·매매·경매), 집의 형태 (아파트·빌라·오피스텔) 등 우선 사야 할 집에 대해 장단점을 분석한다. 부동산 경매 투자에 나서기로 결심했다면, 개인의 목적에 따라 지역이나 물건의 종류 가 달라진다. 경매를 통한 내 집 마련이 목적이라면 자신에게 맞는 물건을 고 르고, 임대수익을 원한다면 월세 수익이 가능한 물건으로 입찰한다. 시세차익 을 원한다면 갭투자를 할 수 있는 물건을 찾는다. 자신이 가진 종잣돈 안에서 원하는 지역과 물건을 찾아 리스트로 정리한다. 경매의 장점은 시세보다 싸게 살 수 있다는 점이다. 그 후 리모델링과 자산가치 상승을 통해 시세보다 비 싸게 매도하거나 임대로 전환이 가능하다.

2. 레버리지 개념을 이해한다

레버리지(leverage)는 영어로 지렛대를 의미한다. 지렛대를 이용하면 실제 힘 보다 몇 배 무거운 물건을 움직일 수 있다. 투자에서는 타인의 자본을 이용해 자기자본을 불리는 것을 말한다. 투자 레버리지는 총투자액 중 부채의 비중이 커지면(자기자본 비중이 작아지면) 증가한다.

투자 레버리지 = 총투자액 / 자기자본

레버리지가 커질수록 투자수익률은 가격변동률의 몇 배로 증가한다. 덩달아 리스크도 커진다. 전세를 끼고 주택을 매입하는 '갭투자'로 예를 들어보자.

6억 원짜리 아파트에 전세 5억 원이 끼어 있다면 자기자본 1억 원만 있으면 살 수 있다. 이때 투자 레버리지는 6배(6억 원/1억 원)다. 집값이 10퍼센트 상승해 6억 6,000만 원이 됐다면, 자기자본 1억 원을 들여 6,000만 원을 벌었으니 수익률은 6배인 60퍼센트가 된다.

만약 집값이 10퍼센트 포인트가 하락해 5억 4,000만 원이 됐다면, 자기자본 1억 원을 들였으니 6,000만 원 손해가 발생해 수익률은 마이너스 60퍼센트가 된다. 이 집값이 또다시 10퍼센트 하락하면 전세 5억 원보다 낮아진 4억 8,000만 원이 된다. 집값이 전세보다 낮은 '깡통 전세'가 된 것이다. 레버리지의 손익 확대 효과는 이익도, 손해도 크게 난다. 레버리지를 '양날의 검'에 비유하는 이유다.

개인이 경매에 성공해 잘나가다 한순간에 망하는 이유는 바로 레버리지 관리에 실패했기 때문이다. 처음에는 여윳돈이나 종잣돈의 여력 안에서 사업과 투자를 시작한다. 초심자의 행운으로 기대 이상의 수익을 내면, 점차 자신감에 취해 자신이 '미다스의 손'이라는 착각에 휩싸인다. 투자 금액을 늘리기 위해 더 많은 돈을 빌리기 시작한다. 레버리지 수익 폭을 더욱 키우면서 순자산(자산-부채)이 급속도로 증가한다. 하지만 경기침체와 같은 외부 충격이나 투자 실패로 인한 내부 문제가 발생한다면 손해율이 몇 배로 커진다. 어떠한 투자든 자신이 감내할 수 있는 수준의 적절한 부채 비율을 유지하는 것이 중요하다.

3. 쉬운 경매에 참여한다

경매는 시작부터 이기는 게임이어야 한다. 애초에 질 것 같은 경매에는 참여하지 않는다. 그러려면 법원 부동산경매만 노려 법률관계가 간단한 물건에만 입찰해야 한다. 권리관계가 간단한 물건은 해결도 간단하기 때문이다. 쉬운 경매는 다시 말해 소액으로 투자가 가능한 물건이다. 그리고 소액으로 투자가 가능한 물건은 대부분 하자가 있는 경우가 많다. 모르는 이가 보면 "이걸 왜 샀어요?"라는 말을 들을 수 있다. 눈을 많이 낮추고 매물을 자세히 들여다보는 자세가 필요하다.

현정 씨 아들이 처음 경매에 성공한 매물의 첫인상은 '아무도 살고 싶어 하지 않는 쓰레기 집' 그 이상 그 이하도 아니었다. 경기도 광주시 초월읍에 있는 반지하 빌라였다. 투자자들 대부분이 발걸음을 돌렸지만, 그의 눈에는 이 매물이 가진 장점이 보였다. 지하철역에서 차량으로 5분 거리에 있었다. 주변에 공장과 물류센터가 있어 배후 수요가 충분했다. 전용면적 15평(54제곱미터)에 방 두 개와 생각보다 넓은 거실과 부엌을 갖췄다. 반지하였지만 건너편에 가로막는 건물 없이 골목길이라서 오후 늦은 시간에도 창문으로 해가 비쳤다. 감정가 5,800만 원이었지만 유찰이 두 번이 됐다. 최저가 2,840만 원으로 시작했기에 주변 시세보다 훨씬 저렴했다. 전세를 내놓으면 7,000만 원, 매도는 1억 원까지 가능하다는 생각이 들어 4,100만 원에 낙찰받았다.

4. 사전조사와 현장 답사는 필수다

종잣돈이 부족하면 지방의 매물을 고를 수밖에 없다. 이때도 그 지역에 대한 충분한 사전조사가 필요하다. 사전조사를 할 때는 우선 그 지역에 실수요자가 충분한지 확인한다. 안정된 일자리가 있는지, 새로운 산업단지가 들어설 예정인지, 교통 호재가 있는지를 살핀다. 매매가 추이도 확인한다. 집값이 오를 이유가 없는데 단기간에 급등한 지역은 주의가 필요하다. 투기꾼들이 가격을 올려놓은 뒤 매물을 떠넘기고 떠난 후 거품이 빠지는 순간 가격이 급속도로 하락하기 때문이다. 이때 레버리지가 크면 손해가 막심해진다.

노후 빌라는 꼭 현장 답사를 해야 한다. 경매에 나오는 매물은 대부분 상태가 매우 불량한 경우가 많다. 수리나 보수를 하면 매력적인 매물로 가치를 올릴 수 있을지 판단하는 안목이 필요하다. 해결책이 안 보이거나 사전조사를 통해 임차인이 명도가 어려운 상태라면 과감하게 포기한다.

신축 빌라는 가격 거품이 많이 껴 있다. 새로 지었다고 비싼 값에 사면 절대 안 된다. 분양 과정에서 가격이 뻥튀기된 경우가 많다. 빌라는 시세가 없어 가격 산정이 어렵다. 빌라 매물을 사려면 10년 이내 물건을 고른 후, 동일 지역의 직전 낙찰가를 참고해 입찰한다. 이러한 이유로, 초보자라면 아파트경매에 도전하는 게 더 수월하다.

5. 빠짐없이 권리분석을 한다

모든 경매는 권리관계가 있다. 구매할 집의 권리가 어떤지 알면 이 집이 위험한 물건인지 아닌지 구분할 수 있다. 가장 먼저 법원경매정보(courtauction. go.kr) 사이트를 통해 물건을 확인한다. 무료로 볼 수 있지만 이용하기가 굉장히 불편하다. 권리분석을 하려면 등기부등본이 필요한데, 700원을 내고 결제해야만 조회가 가능하다. 전입세대 열람과 물건 지도 확인 등 정보를 전부 따로 찾아야 해서 시간이 많이 걸린다. 하지만 드물게라도 민간 경매사이트에 오류가 발생할 가능성이 있으니 물건 확인은 법원 사이트에서 하는 게 안전하다.

보통 경매에 나온 집은 문제가 있다. 유료 경매사이트를 활용하면 권리분석을 쉽게 할 수 있어, 초보자에게 유용하다. 등기부등본 열람은 물론, 권리분석까지 제공해 물건이 권리상 안전한지 한눈에 파악할 수 있다. 서울과 수도 권, 지방 등 자신이 원하는 지역을 선택해 월이나 연간 단위로 결제해 이용하 면 편리하다. 대표적인 유료 경매사이트로는 옥션원, 탱크옥션, 지지옥션이 있다. 옥션원(auction1.co.kr)은 네이버부동산과 연동돼 매매가와 전세가 확인 이 가능해서 초보자에게 적합하다. 1년 구독 가격은 약 92만 원이다. 탱크옥션 (tankauction.com)은 무료 경매 강의를 제공해 초보나 중수에게 인기가 있다. 1년 이용 금액은 50만 원이다. 지지옥션(ggi.co.kr)은 가장 연차가 길고, 노하우 가 축적돼 있다. 1년에 약 114만 원으로 가격도 가장 비싸지만, 비싼 만큼 권리 분석이 자세하다. 임차인 정보는 물론이고, 누가 얼마에 낙찰했는지, 과거에 경매 나온 적이 있는지 등을 상세하게 보여주고 입찰 결과도 빠르게 업데이트 한다. 이 밖에도 부동산태인(taein.co.kr), 스피드옥션(speedauction.co.kr) 등의 유료 경매사이트가 있다.

6. 경기 흐름에 따라 다르게 입찰한다

경매 감정가는 6개월 전에 산정되기에 현재의 부동산 경기 흐름과 시간 차이 가 있다. 부동산 상승기에는 신건 입찰, 하락기에는 여러 차례 유찰된 매물을 기다려야 하는 이유다. 상승기 때는 현재 시세보다 감정가가 낮은 편이라 유 찰이 거의 없어 곧바로 입찰한다. 하락기에는 감정가에 가격 거품이 있는 상 태로, 원하는 가격대까지 떨어질 때를 노린다. 하지만 감정가격이 전부는 아 니다. 시세 10억짜리 건물이 감정가 5억에 나왔다고 해서, 건물의 가치가 5억 이라는 뜻은 아니다. 감정가보다 1억 원을 더 써서 6억 원에 낙찰받았다면, 4 억 원의 시세차익을 볼 수 있기 때문이다. 매물의 가치와 적정한 시세를 파악 하는 눈을 길러야 한다.

7. 목표 수익을 설정한다

경매 전에 목표 수익을 설정해두는 건 무엇보다 중요하다. 경매는 물건을 싸게 사기 위함이라는 사실을 명심하자. 목표 수익을 정하면, 낙찰을 목적으로 비싼 값에 고(高)베팅을 하는 우를 방지할 수 있다. 목표 수익을 정하면, 입찰 금액이 바로 나온다. 예를 들어 2억 원에 매도가 가능한 물건을 낙찰해 3,000만 원의 수익을 목표로 한다면, 수리비와 인테리어 비용 1,000만 원을 감안해 입찰 금액을 최대 1억 6,000만 원으로 잡는다. 물론 말처럼 쉽지는 않다. 그러니 인기 매물은 그만큼 낙찰받기가 하늘의 별 따기다.

경매에서 수익률을 높이는 방법은 '저평가 가치주'를 찾는 것이다. 경매의 참 재미는 다른 사람이 보지 못하는 매물의 가치를 발굴하는 데 있다. 적정한 가격에 입찰하고 현금화에 성공하면서 느끼는 희열은 다른 곳에서는 맛볼 수 없다. 요약하자면, 경매에서 실패를 줄이는 방법은 내가 가진 '종잣돈 한도' 내에서 '현실적으로 살 수 있는 집'을 '적정한 가격'에 사는 것이다.

2

출퇴근하면서 시작한
스마트 스토어로 책까지 내다

구매대행 강사 | 구대러(닉네임) 37세 | 월 매출 1,000만 원

한국에 없는 해외 제품을 소싱해 판매했어요.
팔고 싶은 제품이 아닌, 팔릴 제품에 주목했죠.

그는 평범한 직장인이었다. 항상 가슴 한편에 사표를 품고 기계처럼 회사에 출근했다. 지긋지긋한 회사를 그만두려면 회사 이외의 수익이 필요했다. 어떻게 하면 벌이를 늘릴 수 있을까. 먼저 자신의 강점부터 살펴봤다. 업무를 시스템화하는 능력과 영어 그리고 엑셀이었다.

우선 '지식관리(Knowledge Management) 전문가'로서의 강점을 살려보기로 했다. 지식관리는 각각의 조직원이 가진 흩어져 있는 지식 정보를 한데 모아 매뉴얼로 만드는 일이다. 지식경영을 잘하는

조직은 일의 능률이 큰 폭으로 향상된다. 그는 출판사의 제의를 받아 블로그에 연재하던 글을 출간했지만, 생각보다 수요가 크진 않았다.

이번에는 무형의 제품이 아닌 실물 제품을 판매하고 싶었다. 그러던 중 2018년 우연히 스마트 스토어에 대해 알게 됐다. 별도의 쇼핑몰을 만들지 않고도 스마트 스토어를 통하면 물건을 판매할 수 있겠다 싶었다. 스마트 스토어에서는 보통 국내 제품을 도매로 사들여 웃돈을 얹어 팔았는데, 그는 자신의 영어 실력을 살려 미국 제품을 구매대행으로 팔아보기로 했다. 국내 제품을 사입하는 일은 진입장벽이 낮아 경쟁도 심했고, 무엇보다 재고를 보관해야 하는 단점이 컸다.

구매대행은 쉽게 말해, '온라인 상인'이다. 한국에서는 살 수 없는 제품을 찾아서(소싱), 쿠팡이나 네이버 스마트 스토어 등 국내 오픈마켓에 등록한 뒤, 국내 고객의 주문이 들어오면 해외 사이트에서의 결제와 배송까지 대행하는 일이다. 국내 고객은 중국어나 영어를 몰라도 되고, 배송에 대한 고민도 없이 제품을 받아볼 수 있다.

그렇게 그의 이중생활은 시작됐다. 평일에는 출근길 버스나 지하철에서 구매대행 주문을 확인하고 주문 처리를 진행한다. 회사에서는 본업을 충실히 한다. 퇴근 후에는 집 안 한편에 마련한 업무 공간으로 다시 출근한다. 고객들의 불만(CS)이나 피드백을 처리하고, 앞으로 올릴 상품을 찾고, 리스트로 정리해 제품을 등록한다. 주말

66

처음에는 상품을 등록해도 주문이 들어오지 않아요.
열에 아홉은 이 시기를 버티지 못하고 지쳐 그만둡니다.
하지만 중요한 건 확신과 꾸준함입니다.

99

에도 쉬지 않고 위의 업무 루틴을 시간 나는 대로 반복한다.

하지만 영어 하나만 믿고 도전한 해외 구매대행은 생각보다 쉽지 않았다. 행정절차가 복잡한 데다 인터넷에 떠도는 정보들이 모두 달라서 검증을 다시 해야 했다. 야심 차게 사업자를 내고 처음 상품 등록을 했을 땐 전혀 주문이 들어오지 않았다. 열에 아홉은 이 시기를 버티지 못하고 상품만 등록하다 지쳐서 그만둔다. 그렇지만 그는 포기하지 않았다. '상품을 계속 등록하면, 언젠가는 주문이 들어온다'는 생각으로 2개월을 버텼다. 첫 주문으로 물꼬가 트이면서 자신감을 얻었다. 밤을 새워서 새로운 상품을 찾았고, 노력한 만큼 주문이 점점 늘어났다.

처음 시작하는 스토어는 마켓에서 상위 노출이 어렵다. 오픈마켓마다 알고리즘이 다르지만, 판매 이력이 없는 사업자를 우선 추천하지 않기 때문이다. 판매 건수와 리뷰가 쌓일 때까지 버텨야 하는 이유다. 보통 사업자를 내고 나서 2,000~3,000개 정도는 업로드해야 주문이 들어오는 경우가 많다.

구매대행에서 성공하려면 '상인 마인드'가 필요하다. 자신이 좋아하는 제품을 파는 게 아니라, 팔리는 제품을 팔아야 한다. 초기에는 무엇이 잘 팔릴지 모르기 때문에, 최대한 많은 상품을 올려서 감을 익히는 게 좋다. 오픈마켓의 판매 상위 상품들을 분석해 어떤 제품이 수요가 많은지 파악하는 일도 중요하다. 어떤 검색어를 올렸을 때 구매 효과가 큰지, 검색 키워드 연구도 필요하다.

많은 제품을 올려야 한다고, 아무 제품이나 올렸다간 큰코다친다. 특히 주의할 품목은 식품이나 건강식품이다. 국내 수입금지 성분 필터링을 제대로 안 했다간 적발돼 곤혹을 치르기도 한다. 한번은 그도 식약처에서 조사받은 적이 있었다. 다행히 기소유예로 끝났지만, 결과가 나올 때까지 마음을 졸여야 했다. 그 뒤로 그는 철저하게 보수적으로 상품을 선정한다. 금지 성분 필터링은 유료인 반자동 프로그램을 활용한다. 해외 제품의 성분 표시는 글이 아니라 이미지로만 된 것도 많은데, 유료 프로그램을 사용하면 금지 성분을 철저하고 빠르게 검수할 수 있다.

자금 흐름을 적절하게 관리하는 일도 중요하다. 구매대행 매출이 늘어날수록 일시적으로 묶이는 돈의 규모도 커졌다. 해외 플랫폼이다 보니 정산도 느렸기 때문이다. 그렇게 5년 동안 시행착오를 거치면서 그는 자신만의 구매대행 노하우를 쌓아갔다. 현재는 매달 1,000만 원 이내의 매출이 나온다. 간단한 업무는 매뉴얼로 만들어 자동으로 돌아가도록 시스템화했다. 마지막으로 그에게 회사를 그만두지 않는 이유를 물었다. 그는 이 모든 일을 '부업'으로 하고 있다!

"사장이 돼보니, 매달 나오는 월급의 소중함을 더 절실하게 알겠더군요. 지금은 이전보다 한결 마음에 여유를 얻었어요. 취미와 개인 발전의 영역으로 회사를 꾸준히 잘 다니고 있죠. 평범한 직장인이면서 사업가의 마인드로 살고 있습니다."

복잡한 구매대행, 시작이 반이다

구매대행을 시작하기로 마음먹었다면, 가장 먼저 무엇을 해야 할까?

사업자등록, 통신판매업 신고, 면허 발급부터 해야 한다. 국세청 홈택스 (hometax.go.kr)에서 사업자등록 신청(개인)을 선택해 등록한다. 하루가 지나면 완료되는데, 사업자등록을 해야만 오픈마켓 가입이 가능하다. 구매대행 업종코드는 전자상거래소매업(525101)과 해외직구대행업(525105)을 써넣고, 사업자 유형은 간이과세자로 한다. 구매대행은 판매 금액이 2억 4,000만 원 미만이면 부가가치세가 면제다.

사업자등록을 했다면, 통신판매업 신고를 한다. 우선 대표적인 오픈마켓 네이버 스마트 스토어에 판매자로 가입한다. 사업자등록증과 통장 사본 등을 입력하면 가입이 끝나며, 스마트 스토어 판매자 정보 메뉴에서 구매안전서비스 확인증을 다운로드할 수 있다. 그다음으로 정부24(gov.kr)에 접속한다. 통신판매업 신고를 검색하면 신청 페이지가 뜨는데, 작성 후 이틀 안에 신고가 완료된다. 마지막으로 국세청 위택스(wetax.go.kr)에 면허세를 내면 통신판매업 신고증 발급 절차가 끝난다. 모든 신고를 완료하면 인터넷에서 상품을 판매할 수 있다.

하지만 이게 끝이 아니다. 식품과 건강식품, 화장품 등을 판매하려면 면허와 교육을 받아야 한다. 먹거나 피부에 바르는 제품은 건강과 직결돼 규제가 깐깐하다. 수입식품 면허와 강의는 한국식품산업협회(kfia.or.kr)에서 받는다. 교육을 이수한 뒤 시험을 보면 수료증이 나온다. 식품안전나라(foodsafetykorea.go.kr)에 수입식품 등 구매대행업 영업 등록을 하고, 면허세를 내면 영업 등록이 완료된다. 화장품을 판매하려면 별도 권한이 필요하다. 의약품안전나라(nedrug.mfds.go.kr)는 전화로 승인 요청을 해야만 접속할 수 있다. 반드시 금지 성분과 판매금지 품목에 관해서 공부해두자.

한눈에 보는 구매대행 진행 과정

해외 온라인쇼핑몰에서 제품 소싱→국내 오픈마켓 등록→주문 접수→해외 쇼핑몰 주문 처리→배송대행지 주문 내역 쓰기→배송대행지 도착과 상품 검수→항공 출고, 국내 입고→국내 택배사 배송→판매 대금 정산

3

천만 원으로 시작한
단기임대로 컨설턴트가 되다

리브애니웨어 | 이사랑 38세 | 월 300만 원 이상

단기임대는 무턱대고 도전했다가는 망합니다.
지역별로 어울리는 콘셉트가 따로 있죠.

⌄

이사랑 씨는 20대부터 자기 사업을 하기로 결심했다. 온라인쇼핑몰을 운영하기도 하고, 스튜디오 촬영 공간을 빌려주는 공간임대 사업도 했다. 당시 서울에서 세 개 지점을 운영할 정도로 장사가 잘됐다. 20대를 워커홀릭처럼 쉼 없이 보내다, 어느 순간 휴식이 필요하다는 생각이 들었다. 그렇게 서른 살에 호주로 워킹홀리데이를 떠났다. 호주는 모든 계약의 단위가 1주일이었다. 급여도 주급으로 주고, 집세도 주세로 냈다. 수저에서 이불까지 풀옵션 임대하우스도 주 단위로 계약하는 것을 경험했다. '단기임대 시대가 한국에도 오

겠구나' 생각했다.

한국으로 돌아와 본격적으로 숙박업에 뛰어들었다. 동업자와 함께 자금을 모아 자신의 고향인 통영에서 호스텔을 열었다. 하지만 얼마 안 가 분쟁을 겪었고, 무일푼 신세로 쫓겨났다. 당장 먹고살 길이 막막했다. 은행에 대출도 받은 상태였기 때문에 자산은 빚밖에 없었다. 다행히 아직 신용이 살아 있어서 1,000만 원 대출을 받았다.

처음에는 이 돈으로 1인 여행사를 차리려고 했다. 사무실로 쓰기 위한 오피스 매물을 찾다가, 지은 지 15년이 넘은 건물에 4개월 넘게 공실인 곳을 발견했다. 10평(약 33제곱미터)짜리 원룸을 보증금 300만 원에 월세 25만 원을 내고 임대했다. 공간을 꾸미기 위해 인테리어업체에 견적을 맡겼더니 너무 비쌌다. 급한 보수만 사람을 불러 하고, 셀프로 진행해 인테리어를 600만 원에 끝냈다. 100만 원으로 비품을 사고 나니 수중에 남은 돈이 단 한 푼도 없었다.

여행 사업은 시작도 못 할 판이었다. 분쟁으로 나오게 된 호스텔의 숙박 예약 업무를 대행하려 했지만 결국에는 잡음만 커져 무산됐다. 공간이 다시 공실이 될 처지에 놓이자, 서울에서 성공했던 공간임대 사업을 통영에서 시도하려고 했다. 하지만 통영에서 파티룸을 열기에는 2030세대의 수요가 적어 불가능했다. 주변의 장사가 안되는 펜션들의 예약을 대행하기 위해 발품을 팔았지만, 그것마저 쉽지 않았다. 하필 코로나로 여행업이 어려워진 데다 낡고 평범한 일반 숙소들은 인기가 저조했다. 당시 개성 있는 독채 숙소를 중개하는 '스테이폴리오'처럼 여행 플랫폼을 만들려고도 시도했지만, 돈과 인력이 부족해 결국 1년 만에 포기했다.

숨만 쉬어도 빚이 불어났다. 우선 공사비라도 뽑아야겠다는 생각에 사무실 공간을 단기임대 형태로 내놨다. 때마침 재택근무를 하는 회사들이 늘어가던 시기였다. 여행을 하면서 일도 할 수 있는 워케이션이 점점 확산되고 있었다. 오피스 인테리어와 딱 맞는 아이템이었다. 통영 앞바다가 보이는 사무 공간이라 여행하듯 떠나와 일하기에 좋았다. 충분히 승산 있겠다고 생각했다.

처음에는 인스타그램에 단기임대를 홍보하는 게시글을 올렸다. 과연 연락이 올까 걱정했는데 기우였다. 1주일간 묵고 싶다는 예약이 들어오기 시작했다. 한 달에 임대료로 200만 원을 벌었다. 월세 25만 원보다 10배 이상 수익을 냈다. 그렇게 4개월 만에 투자금 1,000만 원을 회수했다. 가능성을 확인한 그는 2022년 2분기부터 플랫폼에 입점해 단기임대에 본격적으로 뛰어들었다.

별다른 홍보나 마케팅은 하지 않았다. 다른 경쟁 매물보다 가격이 비쌌지만 자신 있었다. 창문으로 보이는 통영 바다 사진만 보고도 예약이 물밀듯 들어오기 시작했다. 1년 예약이 풀로 차자, 3개월 뒤에 곧바로 2호점을 열었다. 6개월 동안 플랫폼 수수료를 제외하고 1,990만 원을 정산받았다. 재방문 시에는 플랫폼을 거치지 않고 고객과 직거래를 통해 수수료를 아끼는 것도 가능했다. 그 밖에 인원 추가금이나 이불 대여금, 위약금 수수료 등을 포함하면 반년 매

“

서른 살에 호주로 워킹홀리데이를 떠났다가
단기임대 하우스에서 살게 되었어요.
그 경험으로 한국에도 단기임대 시대가 오겠구나 예감했죠.

”

출이 2,000만 원이 넘었다.

단기임대시장이 점점 커지면서 경쟁자가 많아졌다. 하지만 시장이 확장된다는 것은 소비자도 늘어나고 있다는 의미다. 어느덧 세 개의 워케이션 공간을 운영하고 있는 그는 임대업도 사업이라는 생각을 가져야 한다고 강조했다.

"보통 단기임대는 사업적 수완이 없는 평범한 사람들이 부수입을 원해 도전합니다. 돈을 벌려고 시작하면 그것은 사업이에요. 세상에 쉬운 일은 없어요. 자신만의 사업적 관점이 필요합니다."

단기임대시장에서
실패 확률을 줄이는 법

1. '누가' 이용하는지 파악하라

단기임대는 숙박업과 다르다. 합법적으로 운영하기 위해서는 하루이틀 머무는 관광객이 아니라 7일 이상 거주하는 이들을 타깃으로 한다. 타깃을 설정했다면 거주자 입장에서 매물을 찾는다. 아무리 풍광이 좋아도 교통이 외진 시골에 1주일 이상 머물기는 힘들다. 워케이션 수요를 공략하려면, 휴식과 일이 가능한 직주근접 생활권 매물을 고른다. 그의 숙소는 5층짜리 상가건물로 통창인 창문에서 바다가 보인다. 엘리베이터를 타고 1층에 내려가면 카페가 있다. 1분 거리에는 대형마트가 있고, 100미터 근처에 스타벅스와 도서관도 있다. 워케이션 게스트는 요리를 하지 않는다. 숙소 주변에 식당과 술집이 많을수록 좋다. 최신 인프라를 갖춘 곳이 워케이션 숙소에 제격이다.

2. '타깃이 선명하게 그려지는 매물'을 찾아라

적합한 매물을 찾는 가장 쉬운 방법은 머물기를 원하는 게스트의 페르소나를 그려보는 것이다. '내가 만약 이곳에서 지낸다면 어떻게 살까'를 생각해본 뒤에 매물을 결정한다. 예를 들어 아이 두 명을 키우는 엄마를 타깃으로 삼으려면, 공간의 크기는 네 명의 가족이 머물 수 있어야 한다. 구조는 아무래도 거실과 방이 분리되면 좋다. 층수는 아이들이 마음껏 뛰어도 되는 1층이나 필로티 구조의 2층 건물을 고른다. 주변 환경과 동네 분위기는 조용하고, 아이들이 떠들어도 민원이 들어오지 않는다면 최고의 입지다. 타깃을 선정할 때 시장조사 없이 막연하게 고르면 안 된다. 예를 들어, 통영은 2030세대가 원하는 관광지가 아니다. 실제로 그의 숙소에 머무는 게스트 중에는 70대 이상도 있다. 관광지라면 일반적으로 40대 이상, 은퇴자들을 공략하는 게 좋다. 2030세대를 공략하는 숙소는 성수기와 비수기가 정해져 있다. 2030세대는 휴가가 제한돼 1주일 이상 머물 시간도 없는 데다 구매력도 약하다. 굳이 젊은 세대의 감성에 맞춰 인테리어를 할 필요가 없다. 40대 이상은 시간과 돈이 전 세대에서 가장 많다. 이들을 잘 공략해야만 1년 내내 비수기 없이 운영할 수 있다.

3. '지역별로 어울리는 콘셉트'를 설정하라

경기가 침체했던 거제도는 최근 조선업 수주가 들어오면서 일자리가 생겨나고 있다. 일자리 수요가 늘어나면서 단기로 1~3개월씩 머물 곳을 찾는 노동자들이 많아졌다. 이들에게 단기임대를 하면, 별다른 인테리어나 세팅 없이도 심지어 도배를 하지 않아도 언제나 만실이다. 실제로 월세 50만 원에 빌라를 빌려 80~90만 원을 받고 임대하는 호스트들도 있다. 이렇게 한번에 네 채를 굴린다. 하지만 같은 산업단지라도 구미는 다르다. 이미 자리를 잡고 가정을 꾸리면서 돈을 버는 사람이 대부분이기 때문이다. 이처럼 지역마다 그에 맞는 수요가 있다. 서울에서 단기임대 할 곳을 찾는다면 직주근접지가 좋다. 지하철역과 버스 정류장만 가깝다면 비즈니스 수요는 충분하다. 타깃에 따라 인테리어도 달라진다. 시골에서 시작한다면, 바닷가 근처나 마당 있는 곳을 원하는 게스트를 노린다. 굳이 무리해서 단기임대 숙소를 관광지에서 찾을 필요는 없다. 누구나 부담 없이 1주일씩 머물 수 있는 지역을 선별하면 표본이 좁혀진다.

4. '경쟁력 있는 가격'을 책정하라

가격을 책정할 때는 근방에 위치한 숙박업소의 형태와 가격대를 참고한다. 옆에 있는 펜션이 주말 2박에 20만 원을 받는다면, 나는 1주일에 20만 원에 판다. 자신이 가진 공간이 호텔과 경쟁할 만큼 자신 있다면, 호텔의 2박 가격에 내 숙소는 1주일치를 판다. 만약 호텔이 2박에 50만 원이라면, 1주일에 50만 원에 파는 것이다. 1박에 5만 원 하는 모텔이 근처에 있다면, 3박 정도의 가격을 1주일 가격으로 책정한다. 이 정도면 경쟁력이 충분하다.

5. '감당할 수 있는 매물'을 굴려라

매물이 있는 지역의 수요보다 공급이 많아지는 순간, 망하는 지름길이다. 최근 들어, 단기임대시장에 불법으로 운영되는 에어비앤비도 뛰어드는 상황이다. 한 투자자가 300세대 오피스텔을 계약해 단기임대를 하겠다고 나섰다. 그런데 그곳에서는 이미 15개의 객실이 에어비앤비로 이용되고 있었다. 이곳이 전부 단기임대로 전환되는 순간 출혈 경쟁이 시작될 것은 불 보듯 뻔하다. 자신의 매물만의 강점 없이는 경쟁에서 살아남기 힘들다. 현재 그는 워케이션 공간 세 개를 운영하는데, 1년 예약을 풀로 달성하려면 52주×3=156주를 채워야 한다. 1호점을 운영하면서 타깃층의 수요를 확인해보니 2주에서 한 달간 머무는 게스트가 대부분이었다. 2호점을 열고 1년 가까이 운영해 보니, 세 공간을 1년간 채우려면 약 100명만 모으면 된다는 계산이 나왔다. 통영에서는 경쟁자가 특별히 보이지 않았기에 충분한 수요를 확인한 후 3호점까지 확장했다.

6. '전략적으로 홍보 마케팅' 하라

플랫폼에는 이미 수많은 매물이 올라와 있다. 스크롤을 내리면 화려한 섬네일들이 게스트를 유혹한다. 예쁘고 깔끔한 매물들 사이에서 자신의 매물이 눈에 띄려면, 자신만의 '무기'가 있어야 한다. 타깃이 여행자라면 '가성비'가 굉장히 좋아야 한다. '싼 가격'을 무기로 내세우면, 인테리어를 아무것도 안 해도 싼값에 오래 머무를 사람들이 예약을 한다. 한번은 공간만 덜컥 계약한 후 2개월동안 예약을 받지 못한 사람이 그에게 도움을 요청한 적이 있다. 매달 월세와 관리비가 나가 적자가 커지는 상황이었다. 그가 살펴보니 공간이 사진발이 잘 안 받는 데다 별다른 장점도 안 보였다. 쉽게 도전했던 투자자들이 대부분 이런 상황을 겪는다. 신규 매물에서 가장 중요한 것은 후기다. 고객들은 숙소를 고려할 때 나와 비슷한 사람들이 머무른 후기를 보고 예약을 확정한다. 예약이 들어오지 않거나 저조하다면, 좋은 후기가 달릴 수 있게 모든 방법을 동원해야 한다. 할 수 있는 방법을 총동원했는데도 후기가 달리지 않는다면, 최후의 꼼수 전략이 있다. 원하는 타깃이 있는 커뮤니티 공간, 예를 들어 네이버 맘카페에 가입해 지인의 아이디로 숙소 이용 후기를 올리는 것이다. 그는 이런 방식으로 공실을 해결한 경험이 있다.

7. '리스크 관리 전략'을 세워라

여행과 임대시장은 예측 불가다. 올해 돈을 많이 벌었다고, 내년에도 같은 금액의 돈을 벌 거라고 생각하면 큰코다친다. 2023년 여름, 국내 여행업계에서는 곡소리가 났다. 코로나 이후 관광객들이 전부 해외여행으로 몰린 영향이었다. 통영 숙박업시장도 7~8월 성수기 매출이 반토막이 났다. 오히려 4~5월 매출이 더 좋았을 정도다. 그는 할인을 수시로 하면서 '공실 보릿고개'를 버텼다. 하루 13만 원짜리 방을 3만 원에 받았다. 최소 1주일 단위로 예약하게 하니

객단가가 최소 18만 원이 나왔다. 그 덕분에 겨우 청소 인건비를 충당할 수 있었다. 제대로 대비를 못 한 인근 펜션의 경우는 더욱 심각했다. 그는 앞으로 경쟁이 치열해지는 상황까지 대비해 SNS에 전략적으로 타깃 광고를 할 계획이다.

통역사로 일하다
디벨로퍼로 변신한 개발 전문가

스페이스앤 대표 | 이홍숙 51세

디벨로퍼는 마치 지휘자와 같아요.
1인 회사지만 다양한 전문가와 협업하니까요.

∨

이화여대에서 생물학을 전공한 그는 이력이 매우 화려하다. 1990년대 취업시장에서 최고 인기 직종은 금융계열이었다. 그는 이공계 출신이었지만, 금융권 커리어우먼으로 일하고 싶었다. 하고 싶은 일은 무조건 해야만 직성이 풀리는 성격이라 곧바로 서류를 냈다. 첫 직장으로 미국의 대형 투자은행 JP모건체이스코리아에 들어갔지만 얼마 안 가 외환위기가 닥쳤다. 원하지 않는 부서에 배치되자 과감하게 사표를 던졌다. 그 후 어린 시절 꿈이던 통역 일을 해보자고 결심한 뒤 다시 공부를 시작했다. 당시 법무부 장관 통역사에 지원해 64 대 1의 경쟁률을 뚫고 합격했지만, 공무원도 적성에 맞지 않아, 민간 기업의 통역 일로 눈을 돌렸다. 그렇게 인천 경제자유구역 송도신도시 개발을 주도한 게일인터내셔널코리아에 들어갔다.

과감하게 이직을 결심할 수 있었던 건 누구보다도 면접에 자신이 있었기 때문이다. 한 번도 면접 인터뷰에서 떨어진 적이 없었다. 얼굴을 마주하면 누구든지 설득할 수 있으니 백전불패였다. 이러한 강점은 부동산 디벨로퍼로 일할 때 큰 도움이 됐다.

게일인터내셔널코리아에서 부동산의 꽃인 부동산개발을 경험했다. 빈 땅만 있던 송도 위에 도시를 만들면서 무에서 유를 창조하는 매력에 빠졌다. 통역 업무로 시작했지만, 회사에서 인정받아 개발 본부로 자리를 옮겼다. 컨벤션센터부터 학교, 쇼핑몰 커널 워크, 아파트 단지 등의 마스터플랜을 짰다. 부동산개발은 처음이라 계약서 하나를 쓰는 데도 밤을 지새울 정도로 벅찼다. 그렇게 부동산개발 프로젝트 전문가로 일하던 그는 50대를 앞두고 인생의 전환기를 고민했다. 언제까지 회사에 소속해서 일할 수 있을지 걱정도 됐다. 이제 누군가의 말을 대변하기보다 내 의지로 사업을 하고 싶다는 생각이 들었다. 그러다 한 지인이 자신이 보유한 부동산의 재건축을 의뢰했다. 명도를 진행해 임차인을 내보내는 일부터 금융, 설계까지 프로젝트 시행을 진행하면서 자신감이 생겼다. 그렇게 2021년, 1인 기업 디벨로퍼로 창업에 나섰다.

당시 주목한 것은 물류센터였다. 새벽 배송과 온라인 직구시장이

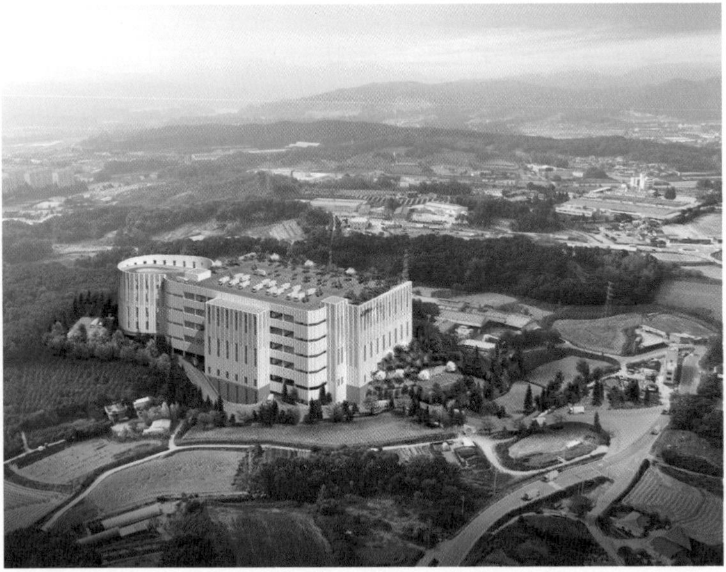

“

다양한 경험이 사업가인 저에게는 큰 장점이 된 것 같아요.
지나쳐온 점들이 결국 하나의 선이 됐다고 생각합니다.

”

급속도로 커지면서 물류센터 건설 경쟁에 불이 붙던 때였다. 첫 프로젝트는 산업단지 안에 있던 부지 개발 의뢰였다. 그곳을 저온 창고용 물류센터로 만들기 위해 매도자와 협상을 시작했다. 투자자를 모으고, 계약서까지 모두 준비를 끝냈지만 중간에 제3자가 나타나면서 결국 무산됐다. 하지만 경기가 얼어붙으면서 전화위복이 됐다. 부동산 경기가 하강하면서 프로젝트 파이낸싱(PF)을 통한 자금조달이 막혔다. 너도나도 인허가를 받았던 시행사들이 착공도 못 하고 이자만 내면서 버티다 결국 물류 부지를 매물로 쏟아냈다. 지금 돌이켜보면 그때 사업을 따냈다면 힘든 시기를 보냈을 생각에 아찔하다. 결과적으로는 다행이었다.

첫 프로젝트가 실패하자 계획을 전면 수정했다. 리스크가 큰 부동산개발보다는 우선 프로젝트 파이낸싱(PF)과 시행을 대행하는 프로젝트 매니지먼트(PM)에 집중했다. 곧바로 한남동에 상업용 부지를 가지고 있던 회사의 의뢰가 들어왔다. 건물주는 인허가하는 과정에서 매각해주기를 원했다. 우선 건물 가치를 높이기 위해 비어 있는 건물의 임대를 전부 채워 높은 금액에 매각하는 데 성공했다. 입지가 워낙 좋아 고수익 창출이 가능했다. 토지가 비어 있어 고민인 클라이언트에게는 기획 컨설팅을 했다. 상가를 짓고 싶다면 인허가를 받아주고 건축을 돕고 임대 컨설팅도 했다. 자금이 부족하면 금융 융통에도 참여해 도왔다.

그러다 물류센터 프로젝트 의뢰가 다시 들어왔다. 충북 진천에서

3만 평(약 9만 9,173제곱미터) 규모로 상장된 제조사의 부지를 활용한 사업에 PM사로 선정된 것이다. 2023년 현재, 용도변경을 위해 인허가 단계를 밟고 있다. 이후에는 토지를 설계하고, 공사를 하고, 임차를 맞춰 수익 구조를 짜고, 현금화를 원하면 매각을 돕는 단계로 진행할 예정이다.

디벨로퍼로 1인 기업이 가능한 이유는 다양한 전문가와 협업하기 때문이다. 그는 네 명의 각각 다른 대표와 함께 프로젝트를 진행하고 있다. 일반적인 시행사도 다섯 명 이하로 많은 인력이 필요하지 않다. 디벨로퍼는 큰 그림을 그리는 '지휘자'다. 사업의 진행 과정마다 가장 적합한 전문가에게 용역을 주는 것이 관건이다. 네트워킹 능력과 다양한 프로젝트를 경험한 노하우가 있어야 성공할 수 있다. 부동산 디벨로퍼는 종합예술이다. 설계사, 시공사, 금융사, 분양대행사, 임대차 컨설팅회사 등 다양한 경험이 필요하다. 소수 인원의 조직이라도 수백억 단위 프로젝트를 맡을 수 있는 비결이다.

최근 물류센터시장도 불황이 덮쳤다. 금리 인상에 인건비 인상까지 겹쳤기 때문이다. 사업 규모가 큰 만큼 공사비가 조금만 올라도 감당이 안 된다. 우후죽순 들어서던 물류센터들이 자금줄이 막히면서 올스톱됐다. 엎친 데 덮친 격으로 저온 창고 화재로 지자체에서 소방조례가 까다롭게 바뀌면서 인허가마저 쉽지 않다. 수도권과 충청권의 프로젝트가 모두 초기 단계에서 멈춰 있다. 신용도가 낮은 시행사들은 대부분 제2금융사에서 비싼 이자를 주고 '브릿지론'을 받았다. 인허가를 받고 공사에 착공하려면 본 PF를 조달받아야 한다. 그 후에는 매각을 통해 수익금을 가져가는데, 지금은 본 PF에서 막혀 이자만 내고 있다. 금리가 오르면서 급하게 땅을 내놓고 있는 현실이다. 하지만 위기도 누군가에게는 기회다. 자금에 여력이 있는 큰손 투자자들에게는 지금이 저렴하게 땅을 살 수 있는 기회이기도 하다.

그럼에도 물류센터시장에서 희망을 찾는 이유가 있다. PF 금융위기로, 최근 들어 제대로 착공된 곳이 없기 때문이다. 2~3년 뒤부터는 공급 부족이 현실화될 것이라는 의미다. 그는 앞으로 신선 식품용 저온 물류보다 상온 물류시장이 수요가 더 클 것이라 전망했다. 저온 물류의 임대료는 상온 물류의 두 배다. 개발하는 입장에서는 저온 물류를 차려야 남는 금액이 크다. 하지만 그 결과 경기와 충북 지역에서는 이미 포화상태가 됐다. 온라인쇼핑 직구 플랫폼 알리익스프레스가 한국 진출을 하는 등 앞으로 상온 물류시장은 수요가 커질 전망이다. 대규모 신축 상온 물류센터는 여전히 블루오션이며, 준공 예정인 2025년에는 시장 상황이 나아질 것으로 보인다.

물류센터 프로젝트의 성공은 화주(임차인)를 채우는 것이 관건이다. 준공 6개월 전부터 화주를 전부 채우면 높은 가격에 매각이 가능하다. 이후에는 임대 수익을 기반해 자산운용사에 매각하거나 다수의 투자자가 투자할 수 있는 리츠에도 팔기도 한다. 과거에는 자산가들만 투자할 수 있었다면, 지금은 개인 투자자들도 투자할 수 있는 길이 많다.

부동산개발 사업은 한계가 명확하다. 금융시장과 정책에 영향을 직접적으로 받기 때문이다. 성공하면 큰 수익을 내지만, 실패하면 크게 망한다. 그의 다음 목표는 갤러리 비즈니스다. 컬렉터인 그의 사무실에는 배우 하정우의 작품 두 점이 걸려 있다. 직접 그림을 그리기도 한다. 앞으로 심리치료와 함께 미술작품을 팔거나 작품을 대여하는 사업을 구상 중이다. 그의 도전의 끝이 무엇이 될지 점점 더 궁금해진다.

"한 대기업의 회장님이 제 이력을 보고 직접 만나자고 했던 적이 있어요. 금융사에서 일하다 통역사, 부동산개발로 커리어가 넘나드니 뭐 하는 사람인가 궁금했다고 하더군요. 다양한 경험이 사업가에게 장점이 된 것 같아요. 지나쳐온 점들이 결국 하나의 선이 됐다고 생각합니다."

5

부동산 실거주 정보 앱 '부동산의 신' 개발한 광고맨

이도인터랙티브 대표 | 정성은 51세

부동산은 투자적 관점보다 거주적 관점이 중요해요.
살기 좋은 곳이 결국은 사기 좋은 곳이기 때문입니다.

⌄

그는 광고맨이다. 본업에만 전념하다 보니 부동산에 대해서는 전혀 관심이 없었다. 경기도에 분양받은 아파트 가격이 하락하자 덜컥 조바심이 나 마이너스 프리미엄을 받고 팔아버리기도 했다. 몇 년이 지나자 그 아파트 가격이 두 배 가까이 올랐다. 땅을 치고 후회했지만 이미 내 손을 떠난 다음이었다.

'부동산 문외한'의 인생이 전환점을 맞이한 건 2014년 한 언론사로부터 부동산투자 행사를 기획하는 의뢰를 받게 되면서였다. 당시에는 부동산 행사라고 하면 분양사들을 초청해 아파트 홍보에만 초점을 맞추던 시대였다. 자신처럼 부동산투자 초보들을 위한 맞춤 행사가 필요하다는 생각이 들었다. '음, 그러려면 우선 공부를 해야 겠군!' 곧바로 서울에서 가장 큰 서점으로 달려가 그해에 출간된 부동산투자책을 전부 구매했다. 주경야독하며 부동산투자의 기본기를 닦았다. 그리고 일반에는 잘 알려지지 않았지만, 인터넷 카페 등을 통해 투자 노하우를 알리고 있던 '빠숑'과 같은 재야 고수들을 전부 패널로 모았다. 어디서도 볼 수 없었던 실전 노하우와 트렌드를 소개하는 투자 쇼가 나왔다. 투자 행사로는 이례적으로 코엑스 밖까지 장사진을 이룰 정도로 대박이 났다. 이 행사를 10년간 진행하다 보니 눈과 귀가 트였다. 전문가들의 이야기를 들으면서 부동산은 자산적 관점이 중요하다는 것을 깨달았다.

코로나 시기 저금리로 돈이 풀리자 부동산에 대한 사람들의 관심은 '광풍'으로 변했다. 부동산 재테크에 대한 관심이 전 국민적 현상으로 확산됐다. 자고 일어나면 집값이 뛰었다. 과거의 그처럼 사람들의 조바심이 커져만 갔다. 집을 사지 않았던 사람들은 '내 재산은 가만히 있는데 나만 거지 되는 것 아닌가'라고 생각했다. 그 생각이 포모(FOMO, 시장에서 소외당할 때 느끼는 공포) 현상을 자극했다. 4050세대 이상이 주류였던 투자 행사장에 2030세대들이 줄을 서기 시작했다. 부동산 전문가들이 대거 유튜브로 넘어간 것도 한몫했다. 과거에는 직접 현장을 찾아가야 알 수 있던 투자 정보를 이제는 집 안에서 쉽게 공유받을 수 있었다. 전문가들의 조회수 경쟁이

"

어느 지역이 좋으니 따라 사라고 말하던 시기는 지났어요.
단순히 투자를 넘어 실거주자의 시점에서 고려해야 합니다.

"

시작됐다. '저평가 아파트'를 소개한다는 명목으로 앞다퉈 전국을 뒤집었다. 오를 이유가 없는 지역까지 가격이 뛰는 '순환 장세'가 시작됐다. 부동산에 관심이 없던 이들까지 영혼까지 대출을 끌어모아 투자에 나섰다. 초저금리와 맞물려 커진 거품은 꺼질 줄 몰랐다.

하지만 결국 부메랑은 돌아왔다. 투기꾼들이 빠져나간 시장은 피바람만 불었다. 금리가 뛰어오르기 시작했고 무리해서 대출받았던 이들은 고통을 받았다. 전문가들의 '호재'라는 말만 믿고 재건축 단지나 낡은 빌라에 투자했다 힘들어하는 사람들이 늘어났다. 물론 미래에는 교통이나 개발호재를 통해 자산적 가치가 상승할 수도 있겠지만, 당장은 주거 환경이 좋지 않으니 전세가 나가지 않았다. 결국 낡은 집에서 집주인이 몸으로 때우면서 직접 거주하는 '몸테크'를 해야 했다. 부동산을 바라보는 생각이 완전히 바뀌었다. '좋은 집은 사는 것(Buy)뿐 아니라, 사는 것(Live)도 좋아야 해.'

팔을 걷고 두 번째 창업에 착수했다. 자산적 관점을 넘어 거주적 관점에서 부동산 정보를 얻을 수 있는 플랫폼 개발에 나섰다. 기존 플랫폼에서는 실거주 정보를 알 길이 없었다. 공인중개사조차 매물을 팔아야 하기에 나쁜 소리를 할 수 없다. 거주하는 주민들은 집값이 떨어질까 쉬쉬하기 바빴다. 아파트에 대해 아무런 정보도 모른 채 수억 원을 주고 계약하는 현실. 수요자에게는 마치 도박과 같았다. 쇼핑앱처럼 모든 정보를 한눈에 투명하게 보여주는 것이 필요하다고 생각했다. 내 집 마련의 최대 고민인 '어느 지역에서, 어떤 집을 사야 할까'를 해결하는 게 급선무였다.

가장 먼저 '어느 지역'을 사야 할지 분석했다. 그는 서울과 경기도의 모든 단지의 주거 환경 정보를 모아 알고리즘으로 분류했다. 기존 부동산 플랫폼에서는 가격과 평형, 세대수 정도의 정보만 제공한다. 선택지가 너무 많은데 전부 임장을 다닐 수도 없는 현실이다. 그는 필터 검색을 세분화했다. 앱에서 '주거 환경 검색'을 통해 역과의 거리, 공동 공간 비중, 단지 환경, 친환경, 교육환경 등을 차례로 선택하면, 서울 6만 세대 단지 중 나와 딱 맞는 단지를 10~20개 수준까지 압축해 보여준다. 정보량을 줄여줘 실수요자는 더 좋은 선택을 할 수 있다.

이후에는 '어떤 집'을 사야 할지 분석했다. 그는 광고맨으로 일하던 방식을 접목했다. 모든 광고는 제작하기 전에 먼저 타깃을 선정한 후 그들의 라이프스타일을 조사한다. 앱에도 그대로 적용했다. 설문 30여 개를 만들어 개인의 라이프스타일을 찾았다. 이는 마치 MBTI처럼 여덟 개의 유형으로 분류가 된다. 직장과의 근접성이 중요한 사람, 가족의 행복이 중요한 사람, 청소년 유해시설이 없는 것이 중요한 사람처럼 말이다. 각각의 유형에 맞춰 나와 맞는 아파트 단지를 매칭률 1위부터 순서대로 보여준다.

마지막으로 '실거주 정보'를 투명하게 공개했다. 이 부분이 가장 중요했다. 인터넷에 있는 부동산 구매 후기 수백 건을 챗GPT를 활용해 150글자로 요약해서 제공했다. 실제로 살아본 사람들의 층간 소음, 주변 소음 등 부정적인 내용들도 여과 없이 실었다. AI가 요약한 데이터는 전부 사람이 검수했다. 자극적인 부분이나 오타, 번역이 서툰 부분은 제거해 신뢰성을 높였다. 단지 주민들의 피드백도 받는다. 물론 같은 단지 내에서도 선호하는 동 호수는 천차만별이다. 누구는 지하철 3분 거리라서 좋다고 하지만, 누구는 큰 도로가 있어 베란다 문을 못 연다고 말하기도 한다. 각각의 장단점을 알 수 있도록 공개해 자신에게 맞는 선택을 하도록 돕는 것이 목표였다. 단지 정보를 유료 리포트로 볼 수도 있게 만들었다. 곱지 않은 눈으로 지켜보던 공인중개사들도 이제는 고객으로 이용한다. 2023년에는 정부 연구·개발 과제로 지원도 받았다.

현재 부동산 트렌드는 실거주 장세다. 내가 살기 좋은 집은 다른 사람도 살고 싶기 때문에 전세 수요가 높다. 전세가가 버텨주는 지역이 결국 부동산 하락기에도 가격을 방어한다. 단순한 투자를 넘어 실거주 여부까지 고려해야 한다는 사실을 그는 마지막까지 강조했다.

"단순히 '어느 지역이 좋으니, 따라서 사세요'라고 말하던 시대는 끝났어요. 투자 전문가들은 항상 타이밍을 이야기합니다. '지금 움직이지 않으면 늦는다'라며 불안심리를 조성하죠. 절대 휩쓸리지 마세요. 결국 책임은 자신이 져야 하니까요."

6

맛집 방송 PD, 자영업자를 키우는 아카데미를 만들다

(주)장전 대표 | 김유진 55세

성공한 스타 자영업자들에게는 공통점이 있어요.
남들과는 다른 자신만의 차별점을 갖추고 있었죠.

김유진 씨는 PD이자 타고난 전략가다. 1994년 MBC에 공채로 입사해 10년간 음식 프로그램과 예능을 제작했다. 전국의 맛집을 찾아 방송했던 1세대 스타 PD. 그는 요리 방법을 소개하던 경쟁 프로그램들과 달리, 숨겨진 맛집을 발굴하고 골목에 있는 오래된 노포를 소개하고 싶었다. 그렇게 장사의 신들의 레시피가 아닌 성공비결을 다뤘다. '피제리아' 대표는 네 번 망하고 어떻게 다섯 번째에 성공했는지, '홍어1번지'는 어떻게 1등 브랜드가 됐는지를 소개했다. 매주 그들을 만나다 보니 자연스럽게 자영업을 바라보는 통찰력이 생겼고, 그 통찰력은 책으로 이어졌다. 장사와 사업의 철학을 담은 《장사는 전략이다》, 《당신의 가격은 틀렸습니다》 등은 베스트셀러가 됐다. 그렇게 기관·지자체·대기업 프랜차이즈를 대상으로 강연 활동과 고문 활동을 하다가 2016년 스타 자영업자들을 키우는 아카데미를 차렸다. 현재, 서울·대전·대구·부산·청주·목포 등 전국 일곱 곳에 아카데미가 있다. 8년 동안 배출한 자영업자가 2,000명에 달하고, 매장 수는 5,000개가 넘는다.

그는 지난 30년간 외식시장을 지켜봤다. 통계청의 〈저널 '통계연구'〉에 따르면, 개인 창업 사업체의 생존 기간 중윗값(일렬로 세웠을 때 정중앙에 위치한 값)은 2.6년에 불과하다. 1년 생존율은 78.9퍼센트에 달하지만, 3년 생존율은 45.6퍼센트, 5년 생존율은 31.4퍼센트로 내려간다. 10곳 중 일곱 곳은 창업 후 5년 안에 폐업한다는 의미다. 치열한 자영업 현장에서 스타 자영업자들을 대거 배출한 그에게 자영업으로 성공하기 위한 '전략'에 대해 질문했다. 그랬더니 역으로 그가 되물었다.

"만약 창업한다면, 무엇을 판매하겠나요?"

순간 머릿속으로 여러 매장이 떠올랐다. 그중에서 가장 최근에 맛본 서울역 근처 라멘집이 생각났다. 10평 규모(약 33제곱미터)로 임대료를 저렴하게 시작할 수 있고, 식당 한가운데에 주방을 볼 수 있도록 사각형으로 다찌 테이블(카운터석)을 놓아 공간 활용성도 좋아 보였다. 면 요리는 회전율도 높아 매출을 상승시키는 것도 가능해

> **"**
>
> 만약 창업을 한다면, 무엇을 판매하겠나요?
>
> **"**

보였다. 키오스크로 주문받으면 직원도 최소 여섯 명으로도 운영할 수 있어 인건비도 덜 수 있겠다 싶었다.

이 정도면 적어도 욕은 안 듣겠구나 싶어 의기양양하게 대답했더니 '땡'이라는 말이 돌아왔다. 그런 누구나 쉽게 할 수 있는, 어디에나 있는, 뻔한 가게를 창업했다가는 망한다는 것이다. 그는 가장 중요한 것은 '차별화'라고 강조하며 몇 가지 장사 노하우를 공개했다.

첫째, 고객은 절대로 2등과 거래하지 않는다. 자영업자는 진입 장벽이 낮다. 용접이나 도배처럼 특별한 기술이나 자격증이 없어도 창업할 수 있다. 그래서 대부분 손쉽게 도전하지만 그건 큰 오산이다. 자영업은 단 한 분야에서라도 전문가 소리를 들을 수 있을 때 시작해야 한다. 1등을 해야만 한다. 하지만 사람들은 자신이 음식점을 차리면 곧바로 고객이 찾아올 거라고 착각한다. 고객은 절대로 초짜, 아마추어와는 거래하지 않는다. 이미 당신이 차리려고 하는 그 상권에는 1등 맛집이 있다. 사람들은 맛집 줄이 길다고, 옆집으로 가지 않는다. 손해를 보기 싫어 회피하게 되는 행동경제 이론이 여기에도 적용된다.

물론 자영업자들은 절박하다. 작은 음식점 하나를 차리려고 해도 최소 1억 원 이상이 필요하다. 어느 정도 자본이 있어야만 도전할 수 있다. 가족의 생계가 달렸기 때문에 아무 생각 없이 도전하는 건 아니다. 그럼에도 망하는 이유는 정보가 오히려 너무 많아진 탓이다. 인터넷이나 유튜브를 통해 창업 정보가 쏟아진다. 대부분 그것이 맞는지 안 맞는지 모른 채 뛰어든다. 제대로 된 정보를 선별하는 기준과 안목이 없다. 자격증 공부도, 음식을 배우기 위한 노력도, 상권분석도 안 하니 망하는 게 당연하다.

둘째, '살 사람'이 누구인지를 확실하게 정한다. 장사는 내가 좋아서 하는 게 아니라, 팔리는 제품을 팔아야 한다. 따라서 내 고객의 페르소나를 정하는 일이 중요하다. 남녀노소 누구나 좋아할 제품은 세상에 존재하지 않는다. 단순히 젊은 층이 아니라 '스물한 살 이상의 트렌드에 발 빠른 여성'처럼 눈앞에 선명하게 그려지듯 뾰족한 타깃을 정해야 한다. 그들이 어떤 음식을 좋아할지, 젓가락과 그릇 세팅은 무엇을 원할지 연구하고 찾아야 한다.

셋째, '차별화'는 가격에 발목 잡히지 않기 위한 것이다. 차별화는 벤치마킹이 아니다. 그런데 강의에서 수강생들에게 차별화된 아이디어를 가져오라고 숙제를 내면 결과는 처참하다. 대부분 가장 유명한 음식점을 돌면서 공부라는 핑계로 카피 제품을 들고 온다. 예를 들어, 삼겹살이라고 하면 기껏해야 '숙성 삼겹살'이나 '칼집 삼겹살'을 하겠다는 식이다. 남들이 이미 성공한 제품을 전부 모아놓으면 그것은 차별화가 아니라 일반화다. 그런 집은 이미 상권 안에 수백 개가 있다. 고객들은 간판만 봐도 이미 지루하다.

차별화는 비교 대상이 없는 것을 말한다. 청주에서 평범한 삼겹살을 팔던 '로얄생고기' 집이 있다. 하루 100만 원을 팔던 곳이 지금은 500만 원을 판다. 그곳은 삼겹살이 아니라 '이겹살'을 판다. 이겹살은 소고기 맛이 나는 돼지고기로, 한 마리를 잡으면 300그램만 나오는 특수부위다. 비교 대상이 없어야 가격결정력이 생겨 내 마음대로 값을 책정할 수 있다.

넷째, 이색적인 음식? 중요한 것은 '명분'이다. 히트 쳤던 '공중부양 물갈비'라는 메뉴가 있다. 〈식객 허영만의 백반기행〉에 방송되면서 인기가 더 많아졌다. 주문을 하면 마치 공중에 둥둥 떠 있는 것처럼 보이는 양념갈비가 나온다. 단순히 시선을 끌기 위한 것만은 아니었다. 당시 양념갈비는 생고기보다 원육의 질이 떨어진다는 고정관념이 있었다. 그것을 바꾸기 위해 보통은 양념 속에 재워져 있던 고기를 속살을 드러내고 잘 보이도록 했다. 전혀 다른 관점으로 접근해서 통한 것이다.

다섯째, 맛이 아니라 '경험'을 팔아야 한다. 음식점 앞에 손님들이 줄을 안 선다면, 그것은 맛이 없어서보다 유명하지 않아서다. 대부분 사장님들은 맛을 만드는 데만 목숨을 건다. 어떻게 남들과 다른 경험을 만들지는 고민하지 않는다. 인간의 미각은 바보다. 코를 막으면 사과즙과 양파즙을 구별하지 못한다. 그런데 무슨 음식 맛을 이야기하겠냐는 것이다. 맛도 맛이지만 향을 살려야 한다. 어떤 음식이든 손님 앞에 가져다주면서 "향부터 맡아보세요"라고 제안해야 한다.

을지로에 가면 김치찌개로 미쉐린을 받은 '은주정'이 있다. 어딜 가든 있는 냄비에 고기 넣고 팔팔 끓여낸 김치찌개로, 눈을 감고 먹으면 절대 구별을 하지 못한다. 그런데 그 집은 단 하나가 다르다. 바로 쌈을 준다. 고기가 냄비에 넘칠 정도로 넉넉해 쌈을 싸서 먹는다. 이런 차별화된 경험을 팔아야 한다.

여섯째, 최종 종착지는 '서브웨이'다. 서브웨이는 전 세계에서 가장 많은 지점을 가진 곳이다. 5대양 6대주에서 히트를 친 이유는 단 하나다. 모든 고객 한 사람 한 사람의 입맛을 전부 맞췄다. 서브웨이에서는 내가 원하는 방식으로 빵과 속 재료와 소스를 조합할 수 있다. 형식을 파괴하니 가격의 편차를 만들 수 있다. 가장 저렴하게는 6,500원에서 가장 비싸게는 1만 원대까지 팔 수 있다.

일곱째, '이종간 결합'도 중요하다. 대박을 내는 가게들은 대부분 섞으면 안 되는 것을 합친 곳이다. 그것을 집요하게 판 사람만 살아남았다. 예를 들어, 라멘 집에서 아무리 토핑으로 차별화를 하겠다고 해도 달걀, 채소, 고기처럼 뻔한 것이 올라가면 끝이다.

'팔각도'의 경우, 처음에는 돼지고깃집을 운영했다. 그런데 경쟁자가 너무 많아 종목을 닭으로 바꿨다. 닭구이는 서울에서는 철판구이로 먹지만, 전라도 남쪽에서는 구이로 먹는다. 두 가지를 그대로 합치면서 판에 대해 연구했다. 결국 다른 곳에 없는 팔각형 불판을 만들어 성공했다. 그 매장 하면 떠오르는 간판이 된 것이다.

'꿀꿀진 순대'는 순댓국에 문어를 넣었다. 국물을 시원하게 하려고 했냐고 물었더니 가격대를 높이기 위한 전략이었다. 순댓국 하면 저렴한 음식이란 인식이 있는데, 문어와 전복을 넣어 몸보신 음식으로 포지셔닝을 했다. 비슷하게 '피제리아'도 랍스터를 통째로 피자 위에 올려 성공했다. 그런 노력들이 결국 브랜드를 유명하게 만든다.

마지막 질문으로 그에게 20대로 돌아가면 어떤 창업을 하겠냐고 물었다. 그는 1초의 고민도 없이 라면집을 차리겠다고 했다. 내가 생각했던 '라멘'과 도대체 무엇이 다를까 궁금했다. 해답은 '확장성'에 있었다. 라면은 라멘보다 확장성이 크다. 사람들은 자신이 '먹어본 것'을 찾는다. 스칸디나비아 음식과 터키 음식이 일본 음식이나 태국 음식보다 안 팔리는 이유는 맛이 없어서가 아니다. 여행을 다녀온 사람이 적고, 그 나라의 음식을 먹어본 이가 드물기 때문이다. 고객을 가르치면서 음식을 팔 수는 없다.

그리고 하나 더. 그는 돼지갈비와 부대찌개를 골랐다. 가장 진화가 되지 않은, 정체된 음식을 골라야 승산이 있다는 것이다. 예를 들어, 즉석 떡볶이는 '두끼'가 평정한 곳이다. 이미 개인에 맞춰 메뉴를 다양하게 조합하는 '서브웨이 형태'로 진화했다.

외식시장에 몸담고 있거나 자영업을 준비하는 사람이라면, 오늘 그의 조언에 귀 기울일 필요가 있다. 확장성이 크고, 경쟁자가 비어 있으며, 이종간 결합할 수 있는 틈새가 많은 제품. 30년간 외식시장을 연구하고 수많은 자영업 스타를 발굴해낸 전문가의 혜안이 이 한 문장에 담겨 있다.

7

경력 단절을 딛고
창업 전문가가 되다

LEJ파트너스 대표 | 임은정 47세

1년에 만나는 창업팀이 1,000~1,500개에 달해요.
그런데 실패하는 이들은 공통점이 있어요. 바로 검증의 부재죠.

임은정 씨는 마케팅 분야에서 일을 했다. 어느 순간 '회사에 쏟는 에너지를 온전히 내 사업에 쏟고 싶다'는 생각이 들었다. 그렇게 회사를 그만두었지만, 늘 그렇듯 인생은 계획대로 흘러가지 않았다. 아이를 키우다 보니 한순간에 경력이 단절됐다. 아이 둘 가진 엄마가 다시 회사에 들어가는 건 쉽지 않았고, 일할 수 있는 곳도 많지 않았다. 더 늦기 전에 자신이 가진 마케팅 노하우를 살리고 싶었다. 수중에 있던 퇴직금을 전부 투자해 창업 전문 대학원에 입학한 건 그래서였다. 양가 집안에서는 걱정이 앞섰다. "애들도 아직 어린데 왜 사서 고생하냐"는 핀잔도 들려왔다. 하지만 그의 학구열을 막을 수는 없었다. 퇴직금을 전부 쓰고도 학비가 모자라 대출까지 받았다. 그리고 대학원 졸업 후 자본금 1,000만 원을 들고 창업 컨설팅 회사를 차렸다.

창업 관련 콘텐츠를 만들고, 교육과 투자유치를 돕는 것을 목적으로 하는 회사였다. 하지만 홍보와 마케팅은 쉽지 않았다. 홍보가 되지 않으니 당연히 회사를 찾는 이도 없었다. 원래 공공기관 창업 관련 사업은 진입장벽이 높은 분야다. 아무런 네트워크도 없던 그는 발로 뛰면서 하나씩 뚫기로 했다. 매일 공공기관 리스트를 정리해 메일을 수도 없이 보냈다. 하지만 돌아오는 답장은 없었다. 좌절할 시간에 하나라도 더 나은 방법을 찾는 게 나았다. 그러다 문득 든 생각 하나.

'내가 찾아가는 것이 아니라, 그들이 나를 찾아오게 만들자.'

우선, 자신을 브랜딩하기로 했다. 사람들이 나를 찾게 하는 무기가 필요했다. 그렇게 연세대 정경창업대학원 창업학과 5기생 11명이 모여 《어딜 가나 창업 이야기》라는 책을 냈다. 투자자들의 눈에서 스타트업 성장을 담아낸 내용의 책이었다. 그러고는 매일 같이 블로그와 SNS에 창업 콘텐츠와 칼럼, 소비트렌드에 관한 콘텐츠를 올렸다. 전략이 통했던 걸까. 조금씩 반응이 오기 시작했다. 덕성여대에서 창업 강의가 들어오더니 TV 창업서바이벌 프로그램 출연 제의가 들어왔다. 유명세 덕분에 간깐한 공공기관도 뚫었다. 나라는 사람의 재구매율을 높이기 위해 부단히 노력했다. 현재 그는 정부

"

내가 찾아가는 것이 아니라, 그들이 나를 찾아오게 만들자.
그게 브랜딩의 시작이었어요.

"

창업 지원사업의 평가와 멘토링 심사 및 심의위원을 맡고 있으며, 한국여성스타트업협회 회장으로 활동하고 있다.

그는 이제 잘될 만한 스타트업의 떡잎을 알아보고 성장시키는 일에 주력하고 있다. 최근 창업뿐만 아니라 직장을 다니면서 부업처럼 프로젝트에 도전하는 이들이 많아졌다. 취미로 즐기면서 가볍게 사업을 시작한 사람이라도 본업으로 하기로 결심했다면 현실적인 고민을 우선해야 한다.

사람들은 대부분 창업하겠다고 마음먹으면 사업자등록증부터 내기에 급급하다. 가장 중요하게 여겨야 할 지속가능성에 대한 고민이 부족하다. 다시 말하자면, 어떻게 버틸지에 대한 대안이 전혀 없다. 그가 1년에 만나는 창업팀은 1,000~1,500개에 달하지만, 창업자의 DNA가 보이는 사람은 아주 극소수다. 그는 아이템뿐 아니라, 창업가의 인생까지 함께 고려해 창업을 지원할 팀을 선정한다. 취업의 대안으로 창업을 선택한 사람은 제외한다. 비즈니스에도 태도가 중요하기 때문이다. 창업가라면, 월급을 받는 사람과 월급을 주는 사람의 마음가짐이 다르다는 사실을 알아야 한다. 숨만 쉬어도 매달 고정비나 각종 세금이 나가기 때문이다. 예를 들어, 초기 자본금 3,000만 원으로 창업을 시작했다면, 그 팀이 버틸 수 있는 기간은 6개월이다. 그럼 그 이후에는 어떻게 해야 하나. 사람들은 매출을 일으켜 사업을 유지하거나 초기 엔젤투자를 받겠다고 말하지만 전혀 현실적이지 않은 전략이다. 서비스 이용자가 없고 제품이 팔리지 않는데, 어떻게 팀을 유지하고 지속할 수 있을까. 투자 불황기에는 사람들이 미래가치만 보고 투자하지 않는다. 눈으로 확인 가능한 성장지표와 숫자가 중요하다.

창업에 실패하는 이들에게는 공통점이 있다. 바로 검증의 부재다. 창업가는 '가설을 세우는 사람'이다. 어떤 사회적인 문제를 인식하고 자기만의 해결 방법을 현실로 만들어내야 한다. 하지만 대부분은 '상상의 날개' 상태에서 멈춰 있다. 자신이 만든 서비스나 제품을 팔아야 하는 타깃이 적합한지에 대한 검증과 데이터가 전혀 없다. 막연하게 '내가 불편함을 느꼈으니까 다른 사람도 똑같겠지'라는 생각만으로 야심 차게 출시한다. 그리고 처참한 결과를 확인한다. 실패 확률을 줄이기 위해선 자신의 아이디어에 대해 끊임없이 질문해야 한다. 시장의 성장 규모를 분석하고, 고객 검증 단계를 거쳐야 한다. 서비스를 세상에 내놓은 이후에도 지속적으로 피드백 받아야 한다. 그가 창업의 시작과 끝이 '검증'이라고 거듭 강조하는 이유다.

만약 20대로 돌아간다면, 그는 어떤 창업에 도전할까. 바로 '라이브커머스'다. 오늘의 집이나 당근마켓 등과 같은 플랫폼 비즈니스는 돈 먹는 하마다. 자금이 부족한 20대가 도전하기에는 벅찬 분야다. 라이브커머스는 중국에서 인기를 끄는 사업 모델로, 코로나 시기에 중국 '왕훙'(인플루언서)의 비즈니스 모델이 한국으로 넘어오면서 시장이 급성장했다. 스타트업들은 좋은 제품을 만들어도 팔 곳이 막막한데, 유튜브나 라이브커머스 통해 자신만의 플랫폼을 구축해놓으면 그것이 바로 판로를 확보하는 길이다.

그는 앞으로도 기업가치를 지속적으로 만들어나갈 계획이다. 물론 변수는 있겠지만 걱정은 하지 않는다. 그는 이제 그 변수를 흔들리지 않는 상수로 만드는 법을 알고 있으니까.

"결국 창업가는 브랜딩의 중요성을 알아야 합니다. 객관적인 투자자의 눈으로 자신을 볼 줄 알아야 하죠. 타깃군에 맞는 채널을 공략해서 마케팅을 꾸준히 해야 해요. 단순히 팔로워가 많은 것보다 진짜 팬을 얻어야 합니다. 구매력을 가진 한 명이 일당백을 하거든요. 진정한 팬을 늘리는 것이 결국 기업가치를 높입니다."

개인 브랜딩이란 무엇일까?

1. 성공의 열쇠는 결국 브랜딩이다

브랜딩 이야기를 하기 전에, 먼저 마케팅을 이해해야 한다. 마케팅의 궁극적인 목표는 고객가치를 창출하는 일이다. '마케팅의 목표는 기업의 이익 창출 아닌가요?'라고 생각할 수 있는데, 모두 맞는 말이다. 마케팅은 기업의 제품이나 서비스를 소비자에게 알리고, 소비자가 해당 제품이나 서비스를 구매하도록 유도하는 활동이다. 이러한 활동을 통해 기업의 매출과 수익이 증대된다. 이를 위해서는 다음과 같은 목표를 달성해야 한다.

- 소비자의 관심을 끌어 구매 욕구를 자극한다
- 구매를 결정하고 재구매를 유도한다
- 제품이나 서비스의 인지도를 높이고 브랜드 이미지를 구축한다

이러한 목표를 달성하기 위해서는 다양한 마케팅을 통해 소비자와의 관계를 구축하고, 지속적인 소통을 이어가야 한다. 신규 기업은 제품이나 서비스의 인지도를 높이고, 기존 기업은 매출 증대나 시장점유율 확대를 목표로 삼는다.

최근에는 마케팅의 목표가 단순한 매출 증대에서 나아가, 기업의 지속가능한 성장을 위한 고객가치 창출로 확대되고 있다. 따라서 고객의 니즈(욕구)를 파악하고, 이를 충족하는 제품이나 서비스를 제공하는 것이 중요하다. 고객과 지속적인 관계를 구축해 충성도를 높이는 노력도 필요하다. 결국 마케팅의 최종 목표는 기업의 이익 창출이지만, 이는 고객가치를 창출해야만 가능하다. 단순히 마케팅에서 끝나는 게 아니라 브랜딩으로 이어져야 하는 이유다. 그것이 전제되지 않으면 SNS 유료 광고처럼 비용을 들이면 반짝 효과가 날 수 있지만, 단발성으로 끝난다. 궁극적으로 브랜딩이 이뤄져야 장기적으로 광고비도 절감된다. 사람, 서비스, 제품 모두 브랜드 고유의 가치를 창출하는 일이 더 중요한 시대다.

2. 창업가의 개인 브랜딩은 선택 아닌 필수다

은정 씨는 네트워크가 없었던 시절, 자신을 마케팅하고 셀프 브랜딩을 통해 성공 사례를 만들었다. 마케팅 실무에서 쌓은 경험과 노하우를 자신에게 대입했다. 스스로를 하나의 기업체라고 생각하고 전략을 세웠다.

- 우선 목표를 설정했다. 창업 전문가라는 브랜딩을 통해 이루고 싶은 목표는 무엇인지, 어떤 이미지를 구축하고 싶은지 구체적으로 그렸다. 목표가 명확해야 그에 맞는 전략을 수립하고, 실행할 수 있다.
- 다음은 자기 분석을 했다. 자신의 강점과 약점, 관심사, 가치관 등을 파악하고, 이를 바탕으로 브랜딩을 구축했다. 자신의 장점인 글 쓰는 능력을 부각할 수 있는 창업 성공 스토리 연재를 시작했다. 타깃층은 창업을 원하는 2030세대와 창업가에 투자를 원하는 투자자로 설정했다.
- 개인 브랜딩을 위해서 다양한 채널을 활용했다. 자신의 브랜드를 알릴

수 있는 채널을 선정하고, 효과적인 마케팅 전략을 수립했다. 블로그와 SNS 채널을 통해 관련 콘텐츠를 지속적으로 쌓으면서 전문성을 알리는 데 주력했다. 출판사를 통해 책을 내기도 했다. 구독자와 지속적으로 소통하면서 네트워킹을 구축했다. 단기간에 효과가 나오지 않았지만, 결국 전략이 통했다. 이제는 개인 브랜딩을 넘어 커리어 브랜딩으로 나아가고 있다.

8

1퍼센트의 청소년 창업 천재를 찾아서 베팅하다

쎄이지코리아 대표 | 김향란 59세

> '1퍼센트의 천재가 99퍼센트의 사람을 먹여 살린다'는 말처럼 청소년 창업을 돕다 보면, 언젠가는 인재를 찾을지도 모르죠.

그는 1990년대 브로드웨이를 휩쓸던 공연기획자다. 삼성영상사업단에서 대형 뮤지컬을 국내에 선보이는 일을 했다. 팀에서 막내였지만 영어를 잘했기에 미국으로 발령받았다. 브로드웨이에서 5대 메이저 프로듀서들과 함께 일했는데, 당시 '헬렌 킴'이라면 모르는 이가 없을 정도였다. 환율이 낮은 데다 국내에서 브로드웨이 뮤지컬에 대한 호기심이 컸던 시기라 수입 공연은 호황기를 맞았다. 하지만 영광의 시간은 짧았다. 1997년 외환위기가 터지면서 달러가 썰물처럼 빠져나갔다. 수입 공연 사업이 얼어붙자 사업단도 해체가 되면서 결국 짐을 싸야 했다.

곧 두 번째 봄이 찾아왔다. 2000년 〈오페라의 유령〉의 한국어 라이선스 계약을 따내 들여오면서 다시 업계에 헬렌 킴이라는 이름을 알렸다. 삼성에 다니면서 쌓았던 네트워크와 노하우 덕분이었다. 협상과 계약에만 만 1년이 걸렸던 〈오페라의 유령〉은 전대미문의 성공을 거두었다. 그 이후 국내에 들어온 라이선스 뮤지컬들은 거의 그의 손을 거쳤다고 해도 과언이 아니었다. 당시 신인이던 소프라노 조수미와 프로모션을 진행한 뮤지컬 〈애니〉부터 러시아 뮤지컬 발레 〈피노키오〉, 대사 없이 리듬과 비트, 유머로 버무린 〈스텀프〉와 〈탭덕스〉도 흥행했다. 이후 국내 공연인 〈난타〉와 〈두드락〉, 〈도깨비 스톰〉 같은 공연이 만들어지는 데도 영향을 끼쳤다. 또한 해외에 'Cookin'이라는 이름으로 난타를 수출하는 계약도 성사했다.

2010년 이후로 뮤지컬시장이 다시 한번 폭발적으로 성장했다. 2023년 상반기 기준, 공연 티켓 판매액만 5,024억 원에 달했는데, 뮤지컬이 그중 절반을 차지했다. 하지만 양극화가 점점 심해졌다. 메이저 프로덕션들이 시장을 주도하면서 자연스럽게 파벌이 나뉘었다. 이는 라이선스를 확보하기 위한 경쟁으로 치달았고, 로열티도 점점 상승했다. 뮤지컬을 들여오는 가격이 비싸지자, 수익을 내기 위해서 티켓 파워를 갖춘 배우들을 캐스팅했다. 그러자 스타 캐스팅으로 인한 폐해가 생겨났다. 과거에는 사람들이 장르 자체를 즐기기 위해 뮤지컬을 봤지만, 이제는 같은 공연이라도 배역에 따라 예매율이 달라진다. 제작사는 흥행 리스크를 줄이기 위해 마케팅보다 스타를 앞세워 매표하는 전략만 세우게 됐다. 캐스팅만 잘하면 팬덤들이 표를 사줬다. 스타의 일정을 맞추기 위해 더블 캐스팅, 트리플 캐스팅이 일반화되면서 공연의 질은 하락했다. 뮤지컬이 블록버스터화되면서 티켓 가격이 고공행진을 했다. 웬만한 인기 작품은 이제 브로드웨이보다 티켓 가격이 비싸다.

그의 설 자리가 점점 좁아졌다. 브로드웨이 네트워크를 앞세워 가격을 협상했던 방식은, 블록버스터 시대가 되면서 더 이상 통하지 않았다. 가격을 높게 부른 쪽이 승리하는 자본력 싸움으로 변했기 때문이다. 때마침 건강도 발목을 잡았다. 40년 가까이 시달리던 만성적인 두통과 등뼈 통증이 그를 괴롭혔다. 신규 프로젝트를 나서야 했는데, 체력이 안 돼 포기했다. 기존에 협업했던 곳과 사이도 틀어졌다. 대규모 투자를 받는 것에 대한 두려움도 커졌다.

어느새 50대가 되고 나이가 들면서 자신을 돌아보게 됐다. 젊어서 먹고살기 바쁠 때는 보이지 않았던 것이 보였다. 늘 사회에 기여하고 싶다는 생각이 머릿속에 있었다는 사실을 깨달았다. 가난했던 어린 시절에 받았던 도움을 어떤 형태로든 갚고 싶은 마음이 간절했다. 늙고 쇠락하는 것보다 성장하고 발전하는 것에, 나이 든 사람보다는 청소년들을 위해 자신의 시간을 쓰고 싶었다.

그렇게 자신의 세 번째 봄으로, 재능 기부의 삶을 택했다. 2019년

> 대회에 참여하는 동기가 대학 자소서 스펙 한 줄이어도 충분해요.
> 뭐가 됐든 작은 성공의 경험이
> 훗날 큰 사업의 원동력이 된다고 생각합니다.

부터 국체 청소년 창업조직 쎄이지글로벌의 한국 대표를 맡게 됐다. 쎄이지글로벌은 전 세계의 10대 청소년들에게 기업가정신을 심어, 어른들이 풀지 못하는 각종 문제를 풀어내는 창업가로 만드는 비영리단체다. 마치 올림픽처럼 매년 45개국에서 청소년 팀이 참가해 창업 대회를 치른다. 청소년들이 팀을 이뤄 자연스럽게 창업에 관심을 가지고, 글로벌 기업가로 나아가게 이끄는 것이 목표다. 창업 전문가들이 멘토링을 제공하고, 창업 교육을 원하는 중·고등학교가 있으면 창업 전문가를 파견해 지도하고 있다.

하지만 그가 간과한 사실이 있었다. 한국 학생들은 대학입시에만 몰두한다는 점이었다. 물론 일부 학교에는 창업 동아리가 있고, 창업을 지도하는 교사들도 있지만, 순수하게 창업에 관심을 가진 학생들을 만나기는 쉽지 않았다. 한국의 모든 교육은 입시에 초점이 맞춰져 있다. 지상 최대의 목표는 의대에 진학하는 것이다. 한국에서는 똑똑한 아이가 갑자기 "엄마 나 창업 할래"라고 말하면 미쳤다고 말리는 게 대부분이다. 하지만 해외에서는 대학이 아닌 다른 길을 선택하는 사람들이 많다. 창업에 대한 인식과 환경이 해외와는 판이하게 달랐다.

그렇다고 그는 포기하지 않았다. 단 한 명이라도 창업에 대해 고민하는 학생을 찾아 지원할 수 있다면 멈추지 않겠다고 다짐했다. '1퍼센트의 천재가 99퍼센트의 보통 사람을 먹여 살린다'는 말을 믿기로 했다. 꾸준히 지원한다면 언젠가 세상을 바꿀 인재가 나올지 누가 알겠나. 대회에 참여하는 동기가 '대학 자소서 스펙 한 줄'이든 뭐가 됐든 창업에 대해 조금이라도 관심이 생긴다면 그것만으로도 충분했다.

창업 대회는 단순히 아이디어를 겨루는 장이 아니다. 지원자는 실제로 회사를 설립해야 한다. 대회에는 개인사업자나 법인을 만든 청소년 팀만 도전할 수 있다. 단순히 공책이나 머릿속 아이디어만으로는 안 된다. 실물 제품과 서비스여야 하며, 구체적인 영업실적이 나오지 않으면 탈락이다. 학교에서든 동네에서든 동호회나 부모님에게라도 제품을 실제로 팔아야 한다. 규모나 매출액은 중요하지 않다. 스스로 자금을 모으는 일부터 회사 설립과 운영, 판매까지 창업의 처음부터 마지막을 경험하게 한다. 거창한 아이템을 찾기보다는, 청소년들이 생활 속에서 실제로 경험한 불편이나 문제를 해결해보라고 조언한다. 함께 창업 아이템을 찾고 이를 사업화해, 글로벌시장에 진출시키는 것이 그의 목표다. 작은 성공의 경험이 훗날 큰 사업도 만들 수 있는 원동력이 된다.

모든 심사는 국제대회 심사 기준을 그대로 따른다. 결과는 수치로 매겨져 합산되며 최고점을 받는 팀이 우승한다. 어른의 도움 없이 아이들 스스로 고민하고 창업했는지를 살핀다. 물론 대부분 대학 진학용 스펙으로 사용하기 위해 도전하는 아이들이 많다. 하지만 그마저도 고마울 뿐이다. 2023년 청소년 창업 대회인 '쎄이지 월드컵'에서는 변호사 AI챗봇과 못난이 농산물 제품을 선보여 우수한 성적을 거뒀다. 그는 앞으로도 사회에 기여할 수 있는 일들을 끊임없이 찾아갈 생각이다.

"창업을 꺼리는 아이들에게 뭐라고 해선 안 돼요. 우리의 교육 현실을 이렇게 만든 것은 어른입니다. 자신의 인생에서 중요한 대학 입시의 스펙 한 줄을 '창업'에서 찾았다는 것만으로도 저는 기특할 뿐이에요. 이 대회를 지속하다 보면 그중 누군가가 성공 경험을 통해 세상을 바꿀 것이라고 확신해요."

9

워홀 경험을 살려 시작한 블로그로
온라인 건물주가 되다

콘텐츠 컨설팅 전문가 | 김소영 42세 | 월 매출 1,000만 원 이상

콘텐츠가 돈이 되기 위해서는 남들이 관심 가질 정보를 제공해야 하죠.
내가 겪은 불만과 불평에서 시작하는 게 가장 쉽답니다.

⌄

김소영 씨는 평범한 직장을 다니다 스물일곱 살에 호주로 워킹홀리데이를 떠났다. 2000년대 중반에는 유학 생활에 대한 정보를 찾기가 어려웠다. 현지에서 머물 집을 구하는 것부터 비자를 얻고, 공항에 픽업을 예약하는 것까지 모든 일이 막막했다. 워킹홀리데이를 하며 사기를 당하는 경우도 여러 번 목격했다. 대형마트에서 유학생들과 함께 새벽 청소일을 했는데, 월급날인데도 돈을 안 주는 것이 아닌가. 알고 보니 한국인 매니저가 중간에서 돈을 가로채고 도박으로 날려버린 것이었다. 유학생 중 나이가 가장 많았던 그가 직접 나서 매니저의 집까지 찾아가 돈을 받아냈다.

한국에 돌아와서는 유학원에 취직했다. 맨땅에서 경험한 유학 생활을 제대로 알리고 싶었기 때문이다. 하지만 유학원에서 워킹홀리데이는 '돈이 안 되는 사업'이었다. 학원에서는 한 명이라도 더 많이 해외 학교에 보내는 것에만 관심을 가졌다. 결국 가치관이 맞지 않다는 생각에 4년 만에 퇴직을 결심했다. 그때부터 본격적으로 블로그를 시작했다. 콘텐츠로 돈을 벌겠다고 생각하지는 않았다. 사실 그조차도 '콘텐츠는 돈이 안 된다'고 생각했다. 우선 자신의 노하우를 나누는 것을 목표로 삼고, 콘텐츠의 방향성을 크게 두 가지로 정했다.

첫째, 인터넷에 없는 생생한 이야기를 쓸 것.
둘째, 모든 콘텐츠는 문제해결에 초점을 맞출 것.

콘텐츠는 비자, 집 구하기, 영어 공부 등으로 카테고리를 나눴다. 실제로 경험한 이야기를 토대로 유학원에서는 가르쳐주지 않는 알짜 정보들을 담았다. 중요하게 여긴 부분은 완결성이었다. 예를 들어, '호주에 집 구하기'라는 주제로 글을 쓸 때는 게시글을 다 읽은 사람이라면 누구나 집을 구할 수 있도록 모든 정보를 완벽하게 정리해서 올렸다.

가장 인기 있었던 콘텐츠는 '호주 워홀 이민성 홈페이지' 번역이었다. 기존에는 한글 번역이 안 돼 혼자서 워킹홀리데이를 신청하려면 시간이 걸렸다. 혹여나 내용을 잘못 입력하면 문제가 생길 수도 있어 대부분 돈을 주고 대행을 맡겼다. 20대 유학생들에게는 비용 부담이 컸다. 그는 50쪽에 달하는 페이지를 전부 번역해서 올렸다. 콘텐츠 작성에만 10시간 이상 걸렸다. 이제는 그의 게시물만 따라 하면 누구나 돈 안 들이고 호주 워홀을 신청할 수 있게 됐다.

호주에서 겪었던 그만의 생생하고 차별화된 콘텐츠가 통했다. 농장, 공장, 마트 새벽 청소까지 호주에서 경험한 이야기들을 게시하자, 블로그 하루 방문자수가 4,000명까지 늘어났다. 네이버 유학 관련 키워드 상위에도 노출됐다. 구독자를 계속 모아두기 위해 블로그를 곧바로 카페로 전환했다. 당시 유학원들은 카페나 커뮤니티는 '돈이 안 된다'고 생각했다. 유학원의 카페에는 대부분 해외 학교를 홍보하는 광고 글만 넘쳐났다. 정보의 양이나 질적 측면에서 그의 카페와 경쟁이 되질 않았다. 그의 카페는 단시간에 유학생들을 블랙홀처럼 빨아들였다.

4개월이 지나자 본격적으로 수익화에 나섰다. 방문자들이 자연스럽게 유학 관련 상품에 대해 질문을 하면서 업체들의 입점 문의가 이어졌다. 가장 처음으로 판매한 것은 해외여행자 보험이었다. 유학 중 만에 하나 사건 사고가 발생하면 병원비 등을 지불 보증하는 상품이었다. 1년에 15만 원 하는 상품이었는데, 30퍼센트를 커미션으로 받았다. 첫 달에 100~200명가량의 회원이 가입을 신청했다. 이후에는 유심카드와 계좌개설 대행까지 입점 업체가 점점 다양해졌다.

그렇게 '온라인 건물주'가 됐다. 단순 정보를 교류하는 커뮤니티를 매달 자동 수익이 나오는 구조로 바꿨다. 온라인 카페와 부동산은 수익 구조와 운영 방식이 매우 비슷하다. 상단에 보이는 배너는 건물 이름이고, 왼쪽의 메뉴 바는 층마다 가게들이 입점하는 공간이다. 관심사가 비슷한 사람들을 한곳에 묶어놓으면 구매력이 생긴다. 상품 판매와 후기가 계속해서 쌓인다. 그 후기들을 보고 새로운 가입자들이 찾아와 재구매율을 높인다. 이것이 바로 최근 떠오르는 '커뮤니티 커머스'의 생태계 구조다. '무신사'도 처음에는 '무진장 신발 사진이 많은 곳'이라는 작은 온라인 카페로 시작해 대표적인 패션 플랫폼이 됐다. 의료 관련 카페에서는 월 수익으로만 2억 원씩 버는 곳도 있다. 그 카페에 입점하기 위해 병원들이 한 달에 700만 원씩 내기도 한다. 인터넷 카페가 블로거와 인플루언서의 종착점이라는 말이 나오는 이유다.

이제는 10명의 팀원도 생겼다. 혼자 모든 것을 해야만 직성이 풀리는 완벽주의자 성격 탓에 1인 기업을 고수했지만, 그만큼 건강도 잃었다. 13년 가까이 링거를 맞으면서 일하다 탈진하는 상황이 반복됐다. 사업이 점점 확장되면서 일 욕심을 줄이고 협업해야겠다고 생각했다. 이제는 온라인 카페는 대행으로 운영하고, 유튜브의 콘텐츠 방향을 정해주는 컨설팅을 주력으로 하고 있다. 매달 고정적으로 버는 수익만 월 1,000만 원 이상이다.

콘텐츠는 돈이 안 된다고 생각했던 그는 이제 누구보다도 콘텐츠의 힘을 잘 알고 있다. 그에게 워킹홀리데이 경험이 콘텐츠가 됐듯, 다른 모든 사람에게 자신만의 콘텐츠가 있다. 그것을 발굴하고 개발하는 일은 오늘의 우리에게 남겨진 숙제다.

"저는 사람을 볼 때 그가 가진 것을 어떻게 콘텐츠로 만들 수 있을지를 생각해요. 40대 주부든, 60대 은퇴자든 각자의 경험은 보석과 같아요. 그 보석을 다듬어 전달할 수 있다면, 분명 원하는 목표까지 도달하게 될 겁니다."

돈 되는 콘텐츠를 만드는 법

1. 내가 겪은 '불만과 불평'에서 시작하라

콘텐츠의 기본은 자신이 불편했던 일이 '다른 사람에게도 똑같이 불편했을 것'이라는 생각에서 출발한다. 그는 블로그 초기에 유학 이야기뿐만 아니라 생활에서 겪었던 생생한 사례를 모두 콘텐츠로 만들었다.

한번은 이유 모를 알레르기가 생겨 애를 먹었던 적이 있다. 그는 여러 병원에서 치료받는 동안 치료 과정과 후기를 모두 콘텐츠로 만들어 게시했다. 문제해결이 담긴 콘텐츠에는 같은 고민을 가진 사람들이 모인다. 콘텐츠를 올리다 보면 '잘 먹히는' 주제가 무엇인지 감이 온다. 노출이 늘어나는 순간 작은 광고나 협업이 들어오기 시작한다.

최악은 '일기장 같은 콘텐츠'다. 자신이 겪은 불평과 불만의 감정을 마치 쓰레기통처럼 내뱉는 경우다. 사람들은 그런 글에 시간을 들이지 않는다. 사람들이 시간을 들여 읽을 만큼 콘텐츠가 가치 있다고 느끼게 하려면, 문제를 꼬집는 데서 끝나는 게 아니라 극복한 경험을 담아야 한다. 가치를 느끼는 콘텐츠에 사람들은 돈을 쓴다.

2. 자신이 '어디에 시간과 돈을 쓰는지' 돌아보라

자신이 어떤 경험치를 가졌는지 파악하고 그것을 콘텐츠로 만든다. 현실적으로 온종일 아이들 돌보는 주부가 책을 읽는 독서 콘텐츠를 만들기는 힘들다. 관심사의 주제가 꼭 한 가지일 필요는 없다. 사람은 일을 하면서 영화도 보고 캠핑도 가는 등 누구나 적어도 두세 가지의 관심사가 있다.

관심사가 쉽게 떠오르지 않는다면, 빈 종이 가운데에 나를 그려 넣고 내가 많은 시간을 들이는 것들이 무엇인지 가지를 치면서 확장해나간다. 글감은 항상 자신의 주위에 있다. 만약 육아를 하고 있다면, 이맘때 아이는 무슨 놀이를 좋아하는지, 주말에 아이와 무엇을 하는지를 콘텐츠로 만들 수 있다. 항상 메모하는 습관을 들이면, 길을 걷다 떠오르는 생각과 키워드를 콘텐츠로 연결하는 데 유용하다.

3. 자신에게 맞는 '플랫폼'을 찾아라

가장 자신 있는 콘텐츠를 찾았다면, 그에 알맞은 플랫폼을 정한다. 사진을 잘 찍는다면 인스타그램을, 말을 재미있게 한다면 유튜브를, 사람들 앞에 나서기보다 글쓰기를 좋아한다면 블로그를 시작한다. 글쓰기는 가장 난이도가 쉽지만, 또 어렵기도 하다.

단기간에 글을 잘 쓰려면 쉬운 단어를 써야 한다. 어려운 행정 용어나 불필요한 미사여구가 많아질수록 어려워진다. 문장을 짧게 압축하고, 문단을 적당히 띄어 쓰면 잘 쓴 글처럼 보인다.

또한 매일 기계적으로 써보는 게 좋다. 잘 쓰고 싶은 욕심에 발목 잡히면 콘텐츠를 완성하지 못한다. '하루에 무조건 한 개씩, 한 달에 30개를 쓰겠다'는 식으로 목표를 세우는 것이 중요하다. 매일 콘텐츠를 쓰는 습관이 몸에 배면, 다음 달은 조금씩 난도를 높여간다. 그는 콘텐츠를 쓸 때 15분마다 타이머를 누르면서 작업한다. 간결하고 쉽게 쓰기 위한 그만의 방법이다. 머릿속으로 미리 주제와 스토리를 잡으면 15분 안에 콘텐츠 하나가 나오기도 한다.

한편, 혼자서 하다 보면 작심삼일로 끝나기 쉽다. 단시간에 결과가 보이지 않아 대부분 목표를 이루지 못하고 포기한다. 이럴 때는 '챌린지'에 참여하면 좋다. 운동도 혼자 하는 것보다 그룹 운동이 훨씬 효과가 좋지 않나. 최근에는 카카오톡 오픈채팅방에 참여해 매일 글을 쓰고 공유하는 사람들이 늘고 있다. 공동의 목표를 가지고 서로를 응원하며, 목표를 이루면서 성취감을 느낄 수 있다.

마지막으로, 블로그는 소통이 매우 중요하다. 추천 글을 타고 들어가 이웃 활동을 잘해야 한다. 댓글도 정성스럽게 달아야 답글이 온다. 그렇게 점점 팬을 늘려 확장해나간다.

4. 완성한 콘텐츠를 수익화로 전환하라

콘텐츠를 꾸준히 올리다 보면 '돈으로 바꿀 수 있는 순간'이 찾아온다. 그러기 위해서는 전문성과 신뢰성을 갖춰야 한다. 예를 들어, 회사원이 블로그에 엑셀과 PPT에 관한 콘텐츠를 올리는 상황이라고 가정해보자. 업무에서 꼭 필요한 해당 기술들을 꾸준히 만들다 보면 사람들이 질문하는 때가 온다. 그 순간을 놓치지 않아야 한다.

우선, 콘텐츠를 팔 수 있을지 시험해본다. 무료 강의를 시작해 콘텐츠에 대한 사람들의 수요를 조사한다. 자신의 비법과 노하우를 PDF 파일로 정리해 무료로 배포하면서 반응을 볼 수도 있다. 경험을 쌓고 자신감이 붙었다면, 유료 강의로 넘어간다. 강의 장소를 빌릴 필요도 없다. 화상회의 앱인 '줌'이나 '구글 미트'를 통해 원격으로 가능하다.

강사로 활동하면서 쌓은 경험으로 책을 출간하는 것도 가능하다. 출판사를 거치지 않고 펀딩을 통해 출간하는 작가들도 늘고 있다. 책을 내야만 강의할 수 있는 시대는 이미 끝났다. 이렇게 온라인으로 강의하다 입소문이 나면 업체나 기관으로부터 오프라인 강의 제안이 들어오기도 한다. 콘텐츠 하나로 블로그를 통한 수입 외에 강의료와 인세까지 생기는 것이다.

돈이 없으면 시간을 써야 한다, 그것도 매우 많이

어린 시절 살았던 외딴집은 버스가 2시간에 한 대밖에 다니지 않던 시골 동네였다. 등유값을 아끼려 씻을 때를 빼고는 보일러를 떼지 않아 겨울이면 방은 항상 냉골이었다. 전기장판도 없어서 잠이 들 때면 늘 코가 시렸다. 라면 개수가 부족해 때때로 소면을 한 줌씩 넣어 라면을 끓었고, 학교에 가기 위해 매일 1~2시간씩 걸었다. 어느 날 가로등도 없는 밤길을 걷던 도중 어머니가 길 건너 환하게 불이 켜진 아파트 단지를 바라보며 말했다.

"언제쯤 우리는 저런 데서 살아보겠니."

어려서는 명확히 인식하지 못했던 가난의 그림자는, 내가 중학생이 되면서부터 더욱 무겁게 어깨를 짓눌렀다. 물려받은 교복은 이미 팔꿈치가 닳아 있었고, 색은 누렇게 바래 있었다. 가장 싫었던 것은 점심시간이었는데, 도시락 때문이었다. 친구들의 것과는 확연히 비교되는 부실한 반찬을 꺼내놓는 것이, 내 처지를 드러내는 것 같았다. 그래도 가끔(아마도 아버지의 월급날이었던 것 같다) 돈가스를 싸주

셨는데, 양을 늘리려고 망치로 고기를 너무 펴서 돈가스가 종잇장처럼 얇았다. 그래도 좋았다.

돈을 아끼기 위해서는 항상 시간을 써야 했다. 한달 뒤 학교에서 더 먼 곳으로 이사 갔지만, 그 이전이나 이후에나 5만 원이 없어서 통학 차량은 타본 적이 없다. 걷는 시간이 더 길어졌다. 단돈 몇천 원을 아끼기 위해 산 중턱에 있는 대학교 안 미용실을 이용했다. 나는 아주 어릴 때부터 돈은 곧 '시간'이라는 것을 깨달았다.

사정이 조금 나아진 것은 고등학교에 들어가면서부터였다. 아파트 전세로 이사 가면서 처음으로 내 방이 생겼다. 장학금을 받고 아르바이트를 하면서 대학교를 졸업하고 사회생활을 시작하자, 어머니는 단호한 얼굴로 이렇게 말씀하셨다.

"아들아, 100만 원을 받든 200만 원을 받든, 월급의 80퍼센트는 모아야 한다."

나는 이 말을 10여 년째 지키면서 30퍼센트는 예금에, 나머지 50퍼센트는 투자를 했다. 있다. 어느새 가난의 그림자는 많이 옅어졌지만, 워킹클래스(Working class)인 것은 변하지 않았다. 여전히 내 시간을 들여 일하지 않으면 생활이 불가능하다. 돈을 더 벌려면 더 많은 시간을 쓸 수밖에 없는 구조다. 이러한 시간의 굴레에서 벗어나려면 단 하나, '돈이 돈을 벌게 하는 구조'를 만들어야 한다.

'N잡의 시대' 기사를 연재하며, 자신의 시간을 쪼개 다양한 직업을 갖고 살아가는 이들을 만났다. 저마다 자신만의 방법과 방향과 속도로 항해하고 있었다. 비록 그 길의 점들이 하나의 선으로 이어지지 않더라도 언젠가는 그럴듯한 그림으로 완성되길 바라며 글을 마무리 짓는다.

PS. 이 책은 어머니에게 바칩니다.

경제적 자유를 찾은 42인의 N잡 프로젝트

나는 회사 밖에서 월급보다 많이 법니다

제1판 1쇄 인쇄 | 2024년 4월 8일
제1판 1쇄 발행 | 2024년 5월 28일

지은이 | 방준식
펴낸이 | 김수언
펴낸곳 | 한국경제신문 한경BP
책임편집 | 최경민
저작권 | 박정현
홍 보 | 서은실·이여진·박도현
마케팅 | 김규형·정우연
디자인 | 권석중
본문디자인 | 디자인 현

주 소 | 서울특별시 중구 청파로 463
기획출판팀 | 02-3604-590, 584
영업마케팅팀 | 02-3604-595, 562   FAX | 02-3604-599
H | http://bp.hankyung.com   E | bp@hankyung.com
F | www.facebook.com/hankyungbp
등 록 | 제 2-315(1967. 5. 15)

ISBN 978-89-475-4951-6 03320